神話でたどる日本の神々

平藤喜久子 Hirafuji Kikuko

★――ちくまプリマー新書

388

目次 ＊ Contents

イラスト　上大岡トメ

はじめに

なにか願い事があるときや、思いを振り切って次に進みたいとき、神社に行く人は多いでしょう。お正月に初詣にでかけ、一年の無事や健康、幸せを願う人もたくさんいます。人々がその願いを託しているのは神です。

そんな神々について、わたしたちはどのくらいのことを知っているでしょうか。多くの人が縁結びを願う神、安産祈願をする神、健康を願う神。一般的に御利益という言い方をしますが、神々には得意分野があるといっていいでしょう。なぜその神の得意分野が縁結びなのか。知ってみたいと思いませんか？

神々の話、すなわち神話は、日本では八世紀に古事記《こじき》や日本書紀《にほんしょき》にまとめられました。多くの神々の物語は、これらに伝えられています。たとえば、太陽神で最高神のアマテラスの天《あめ》の岩屋《いわや》神話やスサノオのヤマタノオロチ退治の神話、オオクニヌシの因幡《いなば》のシロウサギの神話などがよく知られています。このほかにも地方の伝承を伝える風土記《ふどき》もあります。たくさんの神々がこれらに登場し、ときに人間の間でも起こりそうな問題に直面したり、「さすが神！」というような活躍をしたりします。

ほかにも人々の間で自然と信仰が生まれてきた民俗神と呼ばれる神々や、菅原道真《すがわらのみちざね》（天神様）のようにもともと人間だったという神もいます。神話というよりも伝説、伝承といったほうがふさわしい物語が神の話を伝えることもあります。

そんなさまざまな形で伝わってきた神々について、神の行動や姿形といった特徴ごとに紹介することにしました。世界の成り立ちに関わる神、人間の命に関わる神、恋をする神や不思議な姿をしている神。このように神々をあえて分類してみると、神々の間の意外な共通点が見えてきたり、自分なりのお気に入りの神が見つかることもあるでしょう。みなさんも、読んでいてあらたな神々の魅力に（ときには欠点にも）気がつくかもしれません。

この本では、読者の方が神々や神話をより身近に感じるきっかけとなるように、できる限り神話の舞台とされている土地や関係のある神社についても紹介するようにしました。神話はもちろん神話の世界、空間で展開します。しかし、昔から人々は自分たちの暮らす世界のなかに神々の世界を重ね合わせ、神々の息吹を感じ取ってきました。人々がどんな場所に神々の世界を見出《みいだ》したのか、いつかみなさんにも訪ねていただき、神話を体感してもらいたいと思っています。その案内になれば幸いです。

世界のはじまり、恋愛、動物、みなさんの気になるキーワードはどれですか？　どこでも気になったところから読み始めて大丈夫です。どこからでも、神々の世界への扉を開いてみてください。

第一章　日本人と神

1　神っていったいどういう存在？

授業で日本の神話の話をしていると、「神さまなのにメンタル弱い」とか、「神さまなのにそんなひどいことをするのか」、「神さまなのに負けるのか」といった感想に出くわすことがあります。ときには「神さまなのに浮気なんかして」と怒る人も。この「神さまなのに」という言葉が出てくるのは、神に対して、知力や武力が圧倒的に優れていて、特別な力があり、人格（神格？）的にも優れている、完全無欠とでもいうようなイメージを抱いているからではないでしょうか。

たしかに神社にお参りするとき、人は、神に大事な願いを託したりします。幸福を授けてくれる人間を超えた特別な存在。失敗や間違ったことはしないだろうと思うのは当然かもしれません。神とはなにか、について真剣に考えたことはなくとも、なんとなくそんなイメージを漠然と抱いているのではないでしょうか。

ここで神について少し考えを巡らせてみましょう。神というと神社にお祀《まつ》りされていますね。わたしたちを日々見守ってくれる、そして健康や学業成就、縁結びなどさまざまな祈願をされていています。ありがたいもの、とされています。少し視野を広げて落語や小説、マンガなども含めてみると、疫病神や貧乏神、さらには死神など、恐ろしげなものも浮かんできます。あまりありがたくはなさそうな神もいそうです。危機に陥ったとき、「神様仏様！　助けて！」と願ったり、「この世には神も仏もないのか！」と嘆いたりする場面、見たり聞いたりしたことはないでしょうか。どうも神と仏が同じようにとらえられている節もあります。そう考えてみると、どうやら神とはなかなかに複雑な存在のようです。この章では、神について語源や姿、歴史から考えてみましょう。

神＝カミはどこから？

知っていそうで知らない「神（カミ）」。その語源も謎に包まれています。神の語源は、長い間、「上」（カミ）であるとされてきました。たしかに神といえば天、すなわち上の方にいるもののように思われますので、納得できそうです。ほかにも「鏡」（カガミ）であるとか「畏み」（カシコミ）に由来するといった説もありました。鏡をご神体にすることや「畏れ多い」ことを「カシコシ」（接尾辞「ミ」をつけるとカシコミ）ということを考えると、どれもなるほどと思います。しかしながら、現在では、どれも神（カミ）の語源ではないといわれています。

古事記《こじき》や日本書紀《にほんしょき》、風土記《ふどき》、そして日本最古の和歌集である万葉集が編纂《へんさん》された奈良時代は、日本語をすべて漢字で書いていました。漢字は表意文字といって、字が意味を持っています。しかし、それを日本語の音を表記するために、表音文字のようにして使っていました。たとえば山をヤマという音で伝えたい場合、「也麻《やま》」と書いたりするのです。これらの漢字は万葉集でよく使われていることから「万葉仮名」と呼びます。神（カミ）についても、神と書くことが多いのですが、万葉仮名でも記されることがあり、その場合は「迦微《かみ》」、「柯微《かみ》」、「可未《かみ》」などと表記されます。問題はこの「ミ」です。万葉仮名の研究により、実は古代の日本ではキ・ヒ・ミ・ケ・ヘ・メ・コ・ソ・ト・ノ・モ・ヨ・ロとその濁音には、二種類の発音があり、仮名を使い分けていたことがわかっています。その二種類は、便宜上甲類と乙類と呼ばれています。神（カミ）のミには、先ほども挙げたように「微」や「未」が使われます。これは乙類のミです。しかし、「上」（カミ）、「鏡」（カガミ）、「畏み」（カシコミ）のミには、「美」や「弥」が使われます。甲類のミであるため、神（カミ）のミとは異なる発音になります。ローマ字でその発音を書き表すと、神のミはmï、上や鏡のミはmiとなります。つまり、もともと異なる発音なので、これらの言葉は神（カミ）の由来だとはいえないということです。今ではこうした発音上の区別はないのでわかりにくいかもしれませんが、古代の日本語の研究からは、今のところ神の語源は不明だとする結論になりそうです。

神はどんな姿をしているの？

神は、その言葉の語源、由来だけでなく、姿も謎にみちています。神についてのもっとも古い記述を残す古事記によると、神々ははじめ「成った」、つまり自然発生的に生まれてきたとあります。最初の神は、アメノミナカヌシ（天之御中主神）、タカミムスヒ（高御産巣日神）、カムムスヒ（神産巣日神）といいます。天の中心の神、ムスヒ（生じる

三輪山

力）の神ですから、抽象的な存在のようです。性別もはっきりしません。ほかにも野の神、山の神、風の神など、自然そのものであるかのような神も登場します。

今も日本では山や岩などの自然物に神が宿ると考え、神そのものとして祀っているところがあります。神の宿る山（神体山）といえば富士山がありますし、しめ縄の張られた神の宿る岩（磐座《いわくら》）、木（神木）を見かけたことがある人は多いでしょう。こうした自然物を神としていたのは古くからのようです。古代の神祭りの様子を知る手がかりとされる場所に奈良県桜井市の三輪山《みわやま》があります。美しい円錐形《えんすいけい》の山で、山中の山ノ神遺跡（四世紀から六世紀頃）では、巨石の下から勾玉《まがたま》などが出土しています。稲作が各地に広まった弥生時代頃から、作物の実りを神に祈ることが行われるようになったようですが、そのときの神は自然のなかにあるもの、自然そのものと思われていたのかもしれません。

日本神話の最高神アマテラスは、天照大神と表記することからもわかるように、太陽の神です。第四章で詳しく紹介しますが、太陽そのものであるかのような神です。だからといって太陽そのものの姿かというとそうではなく、衣服や髪型、装飾品についての記述もありますので、人間と同じ姿形でイメージされていたのでしょう。第六章で取り上げるオオナムチ（オオクニヌシ）も、姿が美しく、おしゃれだったようで、色とりどりの服を取り替える歌なども伝えられています。おかしな言い方かもしれませんが、人間らしい姿形の神々もいると思われていたのでしょう。しかし、そんな神々が人間たちの前に姿を現すことはほとんどありません。第五章の神功《じんぐう》皇后は、神がかりをして神の言葉を述べますが、アマテラスと出会うことはありませんでした。

同じ第五章に登場するヤマトタケルが出会う神は、白い猪《いのしし》の姿。神武天皇が熊野で出会う山の神は熊の姿をしています。第八章でもいくつか紹介しますが、動物の姿をした神もいます。神とはこのような姿をしている、といった共通のイメージは持たれていなかったと考えることができます。

さて、ヤマトタケルが出会った神は、彼に死をもたらします。神武天皇の場合も、神は人々を昏倒《こんとう》させてしまいます。神とは人々に福をもたらすだけではなく、ときに災いも与えるものであることがわかります。

もちろん今と同じように、神に安全を願うことも行われていました。万葉集には「天《あめ》地《つち》の神も助けよ草枕　旅行く君が　家に至るまで」（巻四・五四九）という歌が伝えられています。石川足人《いしかわのたりひと》が、大宰府から転出するときの別れの宴で詠まれたもので、神に旅の無事を願っています。

こうして古代の神々について考えてみると、恐ろしい面、ありがたい面、どちらも持っており、また姿形もいろいろあることがわかります。すでに複雑ですね。

神と仏はどんな関係？

さらにここに仏教の影響が加わることになります。六世紀、朝鮮半島から日本に仏教が伝わりました。仏のことを、はじめは蕃神《ばんしん》と呼んでいました。自分たちの国の神に対して、外国からきた神だという意味です。新しい外国の神に抵抗感を示す人々もおり、仏教の受け入れに積極的な崇仏派と、それを排除したい排仏派に分かれ、対立も生まれましたが、飛鳥時代の推古天皇の頃（六世紀末から七世紀初）には、聖徳太子のように篤く仏教を信仰し、奨励する人たちが出てきます。そうしたなかで、次第に神と仏の関係は対立したり矛盾したりするものではないと思われるようになっていきました。

八世紀にはいわゆる神仏習合という状況も生まれます。神も人間と同じように悩む存在であり、仏の力で解脱させなければいけないとする「神身離脱」の考えが生まれ、神社の中に「神宮寺」も作られるようになりました。また、神は仏教を護る存在であるとする発想も出てきます。有名な例が八幡神《はちまんしん》です。九州の宇佐を本拠としていた八幡神は、東大寺の大仏建立の際に奈良の都に上り、大仏造営を援助しました。また、僧の道鏡が皇位をうかがう事件が起こったときには、託宣を出して阻止しました。こうした功績があったため、七八一年には朝廷から神号として「大菩薩《だいぼさつ》」が贈られ、「八幡大菩薩」となります。菩薩とは、修行中の仏のことを意味します。八幡大菩薩は、修行をしている仏である八幡神の意味となります。

神仏習合は千年以上続き、そのなかで神と仏の関係についても複数の考え方が出てきます。仏は日本の人々を救うために日本の神となって現れたのだ、とする考え方は「本《ほん》地垂迹説《じすいじやくせつ》」といいます。仏が本来の姿（本地）で、神が仮の姿（垂迹）です。逆に、神こそが本地で仏は垂迹なのだとする反本地垂迹説も登場します。「仏が権《か》りの姿で現れる」の意味で「権現」も使われるようになりました。徳川家康は死後に東照大権現となりますが、これは「東を照らす薬師如来《やくしにょらい》が徳川家康という仮の姿で現れた」ということです。本地が薬師如来、徳川家康が神とされていることがわかります。

長く続いた神仏習合は、時代が江戸から明治に変わるときに終わります。一八六八年に維新政府から「神仏判然令」が出され、神と仏、神社とお寺、神職と僧侶をはっきりと分けなければならなくなりました。そのため「八幡大菩薩」や「～権現」のような神と仏が一緒になったような言い方もなくなります。しかし、いまも徳川家康のことを「権現様」と呼ぶことがあります。まったくなくなったわけではなく、日本人の記憶のなかに残っているのでしょう。「神仏」といった言い方をしたり、「神様仏様！」と願ったり、「神も仏もないのか」と嘆いたりするとき、多くの人はその違いをあまり考えていないと思います。しかし、こうした言い方の背景には、とても長い神仏習合のなかで培われた神と仏についての深い関係が潜んでいるのかもしれません。

GODも神?

さて、明治期に入ると、「神」はもう一つ大きな影響を受けることになります。それはキリスト教です。日本へのキリスト教の最初の伝来は、一六世紀の半ばで、戦国時代にはキリシタン大名も出るなど、多くのキリスト教の信者が生まれました。しかしその後に成立した江戸幕府はキリスト教に対して厳しい禁教政策を採ります。宗門人別改帳といって、誰がどこの宗派の何という寺に属しているか、つまりどのお寺の檀家《だんか》となっているのかを明記する台帳を作らせ、信仰とともに戸籍も管理するようになります。幕府に隠れてキリスト教を信仰する隠れキリシタンがわずかに残るものの、これによってキリスト教は基本的に排除されることになりました。

そのキリスト教を禁ずる方針は明治期になっても続きました。しかし諸外国との平等な外交関係を築くために転換が迫られ、一八七三年に終わりを迎えます。そしてキリスト教の伝道が本格的にはじまります。そのためにまず必要とされたのが聖書でした。日本人にキリスト教を伝えるには、その教えの中心である聖書の翻訳が必要です。現在最も広く使用されているヘボン式ローマ字を考案したヘボン（James Curtis Hepburn, 一八一五〜一九一一）は、早くから翻訳に取り組んでいた一人です。彼が中心となって翻訳が進められ、一八八〇年にはイエス・キリストの教えや事績などを伝える新約聖書の翻訳である『新約全書』が刊行されました。

漢字文化圏への聖書の翻訳は、中国語のほうが先に取り組まれていました。この中国語訳の際に問題となったのが英語でいうGODをどう訳するかです。上帝、神、天主、天帝などなど多くの候補がありました。英語のGODと中国語の神の間には、どうしても意味のズレがあり、ぴったり重なるわけではありません。そのズレを認められるかどうか、なかなか決着がつきませんでした。結局、キリスト教のなかの宗派ごとに「上帝」、「神」、「天主」と三つの訳語が分かれて使われることになります。

ヘボンたち日本語訳に取り組んだ人たちは、中国語訳を参考にし、GODの日本語訳として「神」を選択します。まだ物珍しいものであったキリスト教が、日本のなかに浸透していくためには、新たな言葉を作り出すよりも、ある程度なじみのある言葉を使うことが重要だとする判断でしょう。同じようにキリスト教の敵対者であるサタンには、「悪魔」という仏教用語で仏道修行を妨げるものを意味する言葉が使用されました。

こうして「神」には、あらたにキリスト教のGODの意味も付け加わることになったのです。キリスト教の神は、六日間で天地創造を行いました。世界のすべてを単独で作り出した存在です。人々が堕落してしまったときには大洪水を起こしてぬぐい去ろうとするような厳しい面も持っています。そんな神が日本の神のなかに加わったのです。

キリスト教は、明治期以降、学校教育や外国語教育などを通して日本の文化に大きな影響を与えていくことになります。クリスマスやバレンタインデー、キリスト教式の結婚式は、キリスト教を信仰していない日本人にとっても、親しまれているものです。とくにキリスト教式の結婚式は、神前式（神道式）や宗教色のない人前式を押さえて、もっとも多い結婚式のスタイルになっています。キリスト教式の結婚式を挙げる人々は、もちろん神（＝GOD）に愛を誓っていますし、神前式の結婚式を挙げる人々も神に結婚を報告し、幸せを祈ります。どちらも神です。同じ「神」という言葉で表されることで、その意味している内容はふくらみ、複雑なものになったのではないでしょうか。

日本の神話を知ったときに「神さまなのに失敗するのか」といったような感想を抱いたとしたら、それはその神イメージのなかにキリスト教の超越的な存在としての神が含まれているからかもしれませんね。

言葉は変化していきます。古代の神、仏教の影響を受けた神、そしてキリスト教の神、さらに現代は他文化の多くの宗教、神話の神々も紹介され、アニメやゲームのなかに姿を現しています。ネットでは「神だ！」という表現をみることもしばしばあります。世界の神情報があふれていく今、神の意味の変化は、これまで以上に早いかもしれません。この本では、立ち止まってまず古代の神を見つめ、日本人がどんな神々と付き合ってきたのかを見ていきたいと思います。

2　日本の神話を知ろう

日本語の「神」は、長い歴史のなかで広い意味を包み込んできました。本書ではとくに古くから伝えられてきた神を取り上げていきますので、ここではそんな古代の神々について知りたいときに手がかりとなる重要な資料を紹介しましょう。それは八世紀に編纂された古事記、日本書紀、風土記です。これらには日本の神々の物語、つまり神話が伝えられています。

自分たちが生きているこの世界はどのようにしてできあがったのか。人はどのようにしてこの世に現れたのか。人はなぜ死ぬのか。死んだらどこへ行くのか。疑問の持ち方はいろいろですが、今わたしたちが生きている世界の成り立ちについての疑問は、人にとって根源的ともいえるものでしょう。神話は、このような問いについて神を主人公として答えてきたものです。ですから、人が人としての心を持つようになった頃から神話は存在していただろうと考えられています。

神話は人々が生きる文化のなかで育ち、受け継がれ、語られてきました。当然のことながら、それぞれの地域、文化で神話をめぐる事情は異なります。神話が宗教の聖典のなかで伝えられる場合もあれば、個人の文学作品や戯曲の中に伝えられたり、あるいは文字化されずに口誦《こうしょう》で伝えられ（口伝）、祭りのときに披露されるといったこともあります。日本では、八世紀に天皇を中心とする大和朝廷の政治体制のなかで神話がまとめられることになりました。

七世紀半ば、専横をきわめていた蘇我《そが》氏を討ち、天皇を中心とする大和朝廷による中央集権的な国家の建設をめざす大化の改新がおこなわれました。その中心にいたのが中《なかの》大兄皇子《おおえのおうじ》です。この中大兄皇子は、のちに天智《てんち》天皇となり、戸籍（庚午年籍《こうごねんじゃく》）を作るなど、国作りを続けていました。その天智天皇の亡き後、息子である大友皇子と弟である大海人皇子《おおあまのおうじ》との間に皇位をめぐって争いが起こります。この壬申《じんしん》の乱を制したのは大海人皇子でした。天武《てんむ》天皇の名で知られています。彼は朝廷を二分する争いを経た直後から、朝廷中心の国家作りを行わなければならなかったのです。このような状況下で、「歴史」を紡ぐことが政治的にも重要な意味を持つと考えられたのではないでしょうか。

かつて有力な氏族は、自分たちの家の歴史を持っていたようです。先祖がどんな活躍をしたのかを伝えていたのでしょう。またルーツが神であると伝える家もありました。それぞれの家がばらばらに伝承を持っているわけですから、それを付き合わせてみると矛盾が見つかることになります。ある大事件のとき、A家の先祖が活躍したと伝えるA

家資料、B家の先祖が活躍したとするB家資料の二つの資料があると、その事件がどういうものであったのか、わからなくなってしまいます。事件を伝えていくために、どちらかを選ぶ必要があります。アマテラスの子孫であるとする天皇家を中心に国作りを進めていく上で、神々の時代にさかのぼって歴史の決定版を編纂していく。そのことが求められたのだろうと考えられます。そうして生まれたのが古事記です。古事記の序、いわゆる「はじめに」のところから、古事記が必要とされた経緯がこのようなものであったことを読み取ることができます。

序によると天武天皇は、稗田阿礼《ひえだのあれ》という暗記力に優れた若者を選び、彼に家々に伝わる伝承を学ばせました。天武天皇はその後亡くなってしまいますが、彼の息子の妻でもあった元明天皇のときに、古事記編纂の事業が再開され、太安万侶《おおのやすまろ》という役人によって成し遂げられることになります。七一二年のことでした。

古事記は上・中・下の三巻からなります。このうちの上巻が神代、すなわち神々の時代です。中巻は初代の神武《じんむ》天皇から応神《おうじん》天皇まで。下巻は仁徳《にんとく》天皇から推古《すいこ》天皇までのことがまとめられています。神々の物語、神話は主に上巻に語られていますが、中巻になったからといって神々が登場しなくなるわけではありません。神の子孫である神武天皇の物語、英雄・ヤマトタケル、そして神功皇后の物語など、主人公は人とされていますが、神々と交流する話が豊富に語られています。下巻になると神の登場はほとんどありませんが、唯一、雄略天皇は神と出会う物語が伝えられています。いわゆる神話と呼ばれている部分だけでなく、こうした人の時代の物語も古代の人がどんな神とどう付き合っていたのかを知る大事な手がかりとなります。

古事記は、「フルコトブミ」ともいいます。「古いことをお話ししますよ」といえば、それが自分たちに関わることなのだということがすぐに分かる範囲で読まれることを前提としているのでしょう。つまり、古事記は子孫たちに向けて作られたといえます。前に「神」（カミ）の語源について紹介したときにも触れましたが、当時は表意文字である漢字を表音文字として使って大和言葉を伝えていました。古事記にもそうした使い方が多く見られます。とくに固有名詞、歌、神名、地名です。たとえば「くらげ」は大和言葉です。それを漢字を使って表現するわけです。中国で使われていた方法だと「海月」が「くらげ」を意味しますが、そう書くのではなく「久羅下」とかいてその音を伝えようとしています。これは古事記が自分たちの物語、文化を後の時代の人々にそのまま伝えたいとする意識があったことを意味しているのでしょう。

古事記が編纂された八世紀は、大和朝廷が国内をまとめる力を強めていく時期でしたが、同時に国際政治のなかでも自国の立場をアピールしていこうとしていました。対外的に、自分たちの国はこのような国なのだと伝えることも考えて編纂されたと考えられるのが日本書紀です。古事記は「フルコト」といえば通用する範囲で読まれることを想定していたと思われますが、日本書紀は、「日本」と国名をつけています。国際社会、日本以外の国を意識していたのでしょう。古事記は万葉仮名を多く使っていましたが、日本書紀は比較的純粋な漢文で記されています。このことからも日本書紀が漢字文化圏、とくに中国（当時は唐）で読まれることを想定していたとわかります。編纂の責任者は天武天皇の皇子である舎人《とねり》親王です。古事記の太安万侶に比べると大変身分が高い人物でした。日本書紀は七二〇年に成立すると、最初の正式な歴史、「正史」と位置づけられ、その後朝廷でも尊重されていました。国として力を入れて編纂したものだったのです。

この日本書紀は全三十巻。そのうち巻一、巻二が神代、すなわち神話となっています。

最後は天武天皇の妻であった持統天皇までを記しています。

古事記も日本書紀も神代を伝えていますが、その伝え方には表記の点だけでなく、異なっているところがあります。重要な違いとしては、古事記が一つの視点から物語を語るのに対して、日本書紀は「一書曰」の形で複数の異伝を記していることが挙げられます。古事記が決定版となることを目指したのに対して、日本書紀は一つにまとめられる前に複数の文献が存在していたことを示しているのでしょう。A家、B家に伝えられていた矛盾しているようにもみえる資料。そうしたものがあったのだということを日本書紀は教えてくれているといえます。

さて、中央集権国家を目指す大和朝廷にとっては、地方を把握することも重要です。そのため、古事記が編まれた翌年、七一三年には朝廷から地方の国々に対して、それぞれの国の地名の由来や老人の言い伝え、土地の特産物などを報告させる命令を出しました。この命令に従って地方の国単位で編纂されたのが風土記です。各国で編纂され「〜国風土記」と称されました。しかし、残念なことに現在まで伝えられているのはごくわずかです。完全な形のものは「出雲《いずも》国風土記」（島根県）のみ。そのほか播磨《はりま》（兵庫県）、常陸《ひたち》（茨城県）、豊後《ぶんご》（大分県）、肥前《ひぜん》（佐賀県、長崎県）の風土記が、不完全ながらも伝えられています。これらを併せて「五風土記」といいます。失われてしまった風土記のなかには、後世に他の資料の中に部分的に引用されたことで内容が伝わっているものもあります。それを「風土記逸文」といいます。風土記には、古事記や日本書紀には登場しない物語、神々も伝えられています。逆に古事記や日本書紀に登場している神が、風土記では違った顔を見せていることもあります。風土記もまた、その土地の人々と神々との関わりを知る貴重な資料なのです。

ここまで古事記、日本書紀、風土記といった日本の神話を伝える資料について紹介してきました。たしかにこれらの資料は、日本の神について知る基本資料です。しかし、奈良時代以降も神は生まれ、神話もあらたに語られてきました。その神を祀っている神社の資料や説話集、歴史物語にも神々は登場します。次章からは基本資料を中心にしながらも、さまざまな資料から神々の足跡を探し、その姿を訪ねていきましょう。

第二章　世界はどのようにしてできたのか

いまある世界がどのようにしてできあがったのか、なぜわれわれは死ななければならないのか、といった問いは、人間が生きていく上で必ずといっていいほど向かい合うものです。だからこそ長い歴史の中で人間は科学を発展させ、人類の進化の歴史や地球の成り立ち、さらには宇宙のはじまりまで解き明かそうとしてきたのでしょう。神話は神々の活躍を描きながら、その問いに答えるという役割をはたしてきました。

創造神という言い方があります。世界を創った神という意味です。世界を創るというと壮大な感じがしますが、そういった規模の大きなはじまりに関わる神もいれば、島や山川といった自然界のものを創り出す神もいます。地方に伝えられる土地の神も。いろいろな意味でいまあるわたしたちの「世界」を形作った神々が日本の神話には登場します。どんな創造神たちなのでしょうか。

1　はじまりは得体のしれない神から　造化三神

古事記によると、まだ天と地がはっきりと分かれていないころ、天のほうに自然と神々が現れ出てきました。最初に現れた神はアメノミナカヌシといいます。天御中主神と書くので、天の中心を司る神ということでしょう。続いて現れ出てきた神は、タカミムスヒとカムムスヒです。ムスヒのムスは、「苔《こけ》むす」とか「草むす」というように今でも使われる言葉で、なにかが生じることを表します。ヒは、神の力のことを意味します。つまり、タカミムスヒとカムムスヒは、これから世界が生じていく力、生み出す力が神となったものといえるでしょう。

アメノミナカヌシ、タカミムスヒ、カムムスヒの三神は、これから世界がはじまる「もと」になった神ということで造化三神と呼ばれます。

中心の神と「生じる力」の神、というとなんだかとても抽象的なイメージですね。日本神話だけでなく、ギリシャ神話もエジプト神話も同様に、はじまりを語る神話の多くは、混沌《こんとん》（カオス）から秩序（コスモス）へ、抽象から具象へという流れを持っています。

たとえばギリシャ神話を記すヘシオドスの『神統記』では、はじめにカオス（混沌）が生じ、そしてガイア（大地）、タルタロス（大地の底）、エロスが生じます。エロスとは、もともとは、あるものとあるものを結びつける力や衝動を表わすといわれています。そのためエロスが生じた後、神々の結婚がはじまります。ガイアはウラノス（天）を生むと、そのウラノスと結ばれ、間に山や海を生み出していくことになります。

エジプトのヘリオポリスの神話では、ヌウという混沌の水から自然とアトゥムが現れ、そのアトゥムが単独でシュー（大気）とテフヌト（湿気）を生みます。そしてそのシューとテフヌトが結ばれ、大地の神ゲブと天空の女神ヌトが生まれ、さらにその二神の間に神々が誕生するというように、混沌としたものから世代が下っていくとともに具体的な形が出来上がっていきます。

日本の神話もアメノミナカヌシ、タカミムスヒ、カムムスヒという抽象的な神々が生まれ、その神々から世界が始まり、次第にこの後に紹介するイザナキとイザナミのように男と女という明確な性を持つ神々が生まれてきます。抽象から具象へという世界の始まりの神話にみられる一般的な傾向が、日本の神話にも見ることができるということでしょう。

さて、造化三神のうち、このあと一切神話のなかに登場しないのがアメノミナカヌシです。どうやら、古代にはアメノミナカヌシをお祀《まつ》りしていた神社もなかったようです。最初に登場する神なのに、一切活動もせず、信仰もされないというのは不思議な感じがしますが、天の神という、わたしたちからはとても高く離れたところにいるため、なにかを祈願するような対象にはならなかったのかもしれません。後の時代になると、天の中心ということから、北極星、北斗七星、すなわち北辰の信仰と結びつき、神仏習合のなかでは北辰《ほくしん》の神である妙見菩薩《みょうけんぼさつ》（妙見さん）と同じと考えられるようになります。妙見信仰は広く全国に広まり、妙見さんをお祀りする神社にアメノミナカヌシが祀られるようになっていきました。千葉市にある千葉神社などが、この妙見信仰に基づいて生まれ、アメノミナカヌシを祀っています。ほかにも、安産祈願で有名な水天宮のご祭神もアメノミナカヌシです。世界の始まりの神ですから、新たな生命の誕生にはふさわしいかもしれませんね。

2　この世界はわたしたち夫婦の子　イザナキとイザナミ

日本は海に囲まれた島国です。おそらく世界を創るといったとき、その土地がどのような環境であるのか――島なのか、大陸なのか、山に囲まれているのか――によって作り方にも違いが出てくるでしょう。

アメノミナカヌシ、タカミムスヒ、カムムスヒら造化三神のあと、神々が次々と現れ出ます。自然発生的といっていいでしょう。そうして生まれた神々のなかにイザナキとイザナミがいます。「誘《いざな》う男」と「誘《いざな》う女」という意味を持つ名です。男女という性別がはっきりしている神の登場です。このイザナキとイザナミに、天の神ははっきりとせず漂っている状態の国を、堅固なものに作りなさいと命じました。イザナキとイザナミは、天にかかる橋の上から、矛を海へと入れ、海をかき混ぜます。矛を引き上げてみると、その先端から塩がぽたぽたと落ち、積もり凝り固まって島となりました。おのずから凝り固まってできた島ということで、「オノゴロ島」といいます。二神は、オノゴロ島に降り立ち、そこで結婚をして子として国を生むことにします。しかし、最初に生まれたのは淡島という、姿のはっきりしない島とヒルコというヒルのような子です。この子たちは海に流してしまいました。なぜこのような子が生まれたのか、天の神に聞いてみたところ、神は妻のイザナミから先に声をかけて交わったのがよくないと教えました。そこで次にイザナキから「なんて素敵な女性なんだ」と声を掛け、イザナミが「なんて素敵な男性なんでしょう」と応じて交わりました。そうして生まれてきたのが淡路島《あわじしま》です。その後四国や九州など、わたしたちが暮らすこの日本の島々を、神として次々と生み出していきました。おもな島々がまず八つ生まれてきたので、日本のことを「大八島国」と呼びます。

島々を生むと、次は自然の神々の番です。海の神、山の神、風の神、野の神、石の神などなど。国に豊かな自然の世界が広がっていくようです。こうして自然の神々を生み出すと、最後にイザナミは火の神カグツチを生み出します。体の中から火を生み出すわけですから、大やけどを負ってしまいます。火傷《やけど》で苦しみ嘔吐《おうと》したり、排泄《はいせつ》をしたりすると、その嘔吐物や糞尿《ふんにょう》からも水の神や粘土の神、鉱山の神などが生じます。こうしてイザナミは最後まで神々を生じさせながら、火傷がもとで亡くなってしまいました。

イザナキとイザナミ

イザナキとイザナミは、結婚をして子供として国を生み出していき、世界を形作っていきます。そのようなタイプの神話を「世界両親型」の創成神話といいます。たとえば先ほども少し触れたエジプトのヘリオポリスの神話では、アトゥムから生まれたシュー（大気）という男神とテフヌト（湿気）という女神が結ばれ、大地の神ゲブと天空の女神ヌトが生まれます。さらにゲブとヌトが結婚をしてその間にオシリス、イシス、セト、ネフティスといった神々が誕生していきます。兄妹が結婚をし、両親となって世界を形作る神々を生み出していく。世界がどのようにして生まれたかと想像するとき、親が子供を生み出すというイメージを思い浮かべることは、自然な発想なのでしょう。

また、最初にイザナキとイザナミは天の浮橋から矛を海の中に入れ、海をかき回し、引き上げたときに滴った塩が積もり、淤能碁呂嶋《おのごろしま》が形成されたとされています。この部分については、海に潜って大地を持ってくる「潜水型」と呼ばれる神話のタイプであるという説や、島を釣り上げて世界を創る「島釣り型の神話」というタイプに分類されるという説もあります。イザナキとイザナミは海に潜るわけでも釣りをするわけでもありませんが、原初の海に海中から土（塩）を獲得することによって大地をもたらすという点では、同じ神話のイメージでしょう。海に囲まれた島らしいということもできます。
さて、そのイザナキとイザナミの結婚の舞台となったオノゴロ島ですが、どこを指しているのでしょうか。そのことを解く鍵が古事記に伝わる仁徳天皇の次のような歌にあります。

おしてるや　難波《なにわ》の崎よ　出で立ちて　わが国見れば
淡島　淤能碁呂島《おのごろじま》　檳榔《あぢまさ》の島も見ゆ　さけつ島見ゆ

難波の崎を出て、淡路島から我が国をみると、淡島、淤能碁呂島、檳榔が生える島まで見える。離れている島も見える。

仁徳天皇は、淡路島に行って周りを見渡します。するとさまざまな島が見えますが、そのなかにオノゴロ島が見えるというのです。淡路島から見えるところにオノゴロ島があるということでしょうか。もちろん、神話上の島で、実際の島だと考えるべきではないのかもしれませんが、古くから紀伊水道の沼島や紀淡海峡の友ヶ島、淡路島南方、南あわじ市の自凝島《おのごろじま》神社のあるあたりや、同じく淡路島の絵島などが候補とされてきました。このうち、自凝島神社に出かけてみると、境内にはイザナキとイザナミに男女の交わりを教えたセキレイが止まったという「せきれい石」を見つけることができます。現在は、最初の結婚が行われた場所ということで、縁結びを願いにくる人が多いようです。ここが世界のはじまりの場所かも、と思って訪れてみるのもいいですね。

3　凸凹コンビで国を作る　オオクニヌシとスクナヒコナ

国が生まれ、そこには神々だけでなく、人間や動物たちも暮らすようになります。生きていくための国作りも必要です。それを任されたのがオオクニヌシとスクナヒコナです。

オオクニヌシは、偉大な国の主という名を持つ神。スクナヒコナは、とても小さな神です。その出会いはとても不思議なものでした。あるとき海辺にいたオオクニヌシのもとに、ミソサザイの羽を身にまとったとても小さな神が、ガガイモのサヤを船にして波の向こうからやってきます。この不思議な神の正体を探ろうと、オオクニヌシが周りの神々に尋ねると、ヒキガエルがカカシのクエビコなら知っているだろうといいます。物知りなクエビコは、この小さな神は、カムムスヒの子のスクナヒコナだと答えました。

天にいるカムムスヒは、スクナヒコナが小さすぎて指の間から落ちてしまったのだといい、これからはオオクニヌシと兄弟となって国作りに励むよう命じました。そこから二神の国作りがはじまります。

古事記には国作りの具体的な内容は記されていませんが、スクナヒコナの正体を明らかにしたのが田に住むカエルやカカシだったことを考えると、稲作に関わることだったと考えられます。「播磨《はりま》国風土記」や「出雲《いずも》国風土記」には、オオクニヌシとスクナヒコナが一緒に稲を運ぶ様子が描かれています。このことも二神の国作りには、食に関わる稲作が含まれていたことを教えてくれています。

さらに日本書紀には、二神が人間や家畜のために病を治す方法を定めたとあります。医術も広めたということです。「伊豆《いず》国風土記逸文」にも、オオクニヌシとスクナヒコナが人間たちが早く死ぬことを哀れんで、薬と温泉の使い方を教えたとあります。古く

湯神社　©kazukiatuko/PIXTA

から温泉は病や怪我《けが》を癒やすために活用されていました。そうした温泉の効能を教えたのがオオクニヌシとスクナヒコナだったのです。

「伊予《いよ》国風土記」によると、スクナヒコナが、オオクニヌシが失神したとき、気をつかせるために、大分の別府温泉からお湯を伊予まで持ってきてオオクニヌシに浴びせました。するとオオクニヌシは起き上がり、「しばらく寝てしまったなぁ」と言ったとか（失神したのはスクナヒコナのほうだという読み方もあります）。このときに生まれた温泉が現在の愛媛県の道後温泉だと伝えられています。夏目漱石の『坊っちゃん』でも知られる道後温泉、実はオオクニヌシとスクナヒコナの国作りの事業の一つだったんですね。現在でも道後温泉には、その名も湯神社というオオクニヌシとスクナヒコナをお祀りする神社が鎮座しています（祭神名は大己貴命《おおなむち》と少彦名命）。ほかにも古代から人々を癒やしてきた有馬温泉の湯泉神社など、全国の温泉地にはオオクニヌシとスクナヒコナをお祀りする神社が数多くあります。神が教えてくれた健康法だと思うと、温泉に入るのがさらにうれしく、楽しみに感じられます。

4　国を広げる力持ち　ヤツカミヅオミツノ

古事記や日本書紀は、日本の国の成り立ちを語っていますが、風土記には地方に伝わる、その土地ならではの国の成り立ちに関わる神話があります。

「出雲国風土記」には、ヤツカミヅオミツノという神が、出雲国を作る話があります。あるときヤツカミヅオミツノが、「出雲国は小さいなぁ。縫い付けてもっと大きくしよう」と思って、高いところから見渡してみると、遠く朝鮮の新羅《しらぎ》の国に、余っているところがあります。そこでスキを手に取り、魚のえらをつくようにして地面にぐっと差し込み、魚の肉を切り取るように切り取り、綱をかけ、「国よ来い、国よ来い」といいな

長浜神社本殿　©lavender/PIXTA

がら引き寄せました。綱を架けた杭《くい》は山になります。このようにしてさまざまな土地から国を切り取り、土地を縫い付け、大きくしていきました。作り終えたヤツカミヅオミツノは、「国引きが終わった」といい、杖《つえ》を突き立てて「おう」と声をあげます。そこで、この土地を「意《お》宇《う》」と呼ぶことになりました。

島根県の地図を見てみると、宍道湖《しんじこ》の北東のほうに島根半島と呼ばれる半島があります。ヤツカミヅオミツノによって拡大されたのは、この島根半島に相当する部分が中心となっています。出雲の地形が細かく描かれ、その形が把握できた神です。そして遠くの朝鮮半島まで見えたというのですから、ひょっとしたらヤツカミヅオミツノは巨人のような神だったのかもしれません。

ヤツカミヅオミツノは、古事記や日本書紀には登場しない神です。出雲の土着の神なのでしょう。風土記にだけ登場する神を探して神話を読むのも面白いかもしれませんね。出雲にはヤツカミヅオミツノを祀る長浜神社（島根県出雲市）があります。国に綱をかけ、力一杯引き寄せる。まるで綱引きのようなことをしたヤツカミヅオミツノなので、スポーツの神として信仰されています。勝利を引き寄せるということですね。

第三章　永遠の命と有限の命

人間と神の違いというと、一つは死ぬ存在と死なない存在ということが思い浮かびます。一般的には神は不死であるとされることが多いようです。他方で人間にとって死は避けられないもの。どんな人であっても平等に死は訪れます。当たり前のことですが、生きている人の中に、死んだ経験のある人はいません。経験者もいない死というものは誰にとっても恐怖です。なぜ人は死ななければいけないのか。この大きな問いに対し、さまざまな神話がその答えを語ってきました。日本には死の起源に関わる二つの神話があり、そのどちらにも女神が大きく関わっています。

1　生み出す女神から死の女神へ　イザナミ

心理学の用語で「グレート・マザー」というものがあります。人間の心の無意識の層には神話や夢などを生み出す元型というイメージの素《もと》があり、その一つに母なるものの元型もあるという考え方です。この母なるものの元型をグレート・マザーというのですが、それは優しい育ててくれる母親というだけではありません。母親の包み込むような力は、強すぎれば飲み込む力にもなります。つまり生み出す母が殺す母にもなるのです。たとえばギリシャ神話の大地の女神ガイアは、天、海、山々などさまざまなものを生み出した女神です。そのうちの天の神ウラノスと夫婦になり、たくさんの神々を生み出していきますが、あるときそのウラノスを倒そうと、息子のクロノスに鎌を与え、男性器を切り落とさせます。さらに孫にあたるゼウスたちと戦わせるために、怪物であるテュポンを生み出すということもしています。子や孫を倒そうとする怖い女神の顔を持っています。偉大な生み出す女神は、負の力もその分大きくなるということでしょう。ガイアはグレート・マザーの代表格ですが、日本神話のイザナミも負けていないようです。

イザナキとともに島々や自然界の神々を生み出したイザナミ。二人の間に生まれた最後の子は、火の神カグツチでした。体の中から火を出産したので、イザナミは大火傷《やけど》を負って亡くなってしまいます。

夫のイザナキは、妻の死をあきらめきれず、死者の世界である黄泉《よみ》の国へと連れ戻しに行きます。

一緒に帰ろうというイザナキに、妻は「黄泉の国の神と相談をするので、待っていてください。その間、わたしの姿を決して見てはいけません」といいます。イザナキは、なかなか戻ってこないことにしびれを切らし、妻が入っていった建物を火を点《とも》して覗《のぞ》いてしまいます。なんとそこには腐乱した死体となった妻の姿がありました。驚いたイザナキは一目散に逃げ出します。イザナミは「わたしに恥をかかせましたね」といって黄泉の国の醜い女たちに追いかけさせました。逃げるイザナキ。追いかけてくる女たちに櫛《くし》を投げたり、髪飾りを投げつけると、それはタケノコやぶどうに変わります。女たちはそれらを食べはじめました。イザナキはその間に逃げていきます。そこでイザナミは黄泉の国の軍勢を繰り出して追いかけさせます。イザナキは剣を振り回して逃げ、またそばに生えていた桃の木から桃の実を取って投げると、それらは退散していきました。最後にはイザナミがみずから追いかけてきます。そのときにはもうイザナキは黄泉比良《よもつひら》坂《さか》をすぎ、黄泉の国の出口です。そこを外から大きな岩でふさいでしまいました。黄泉の国の中に置かれたイザナミは次のようにいいます。

「愛《いと》しいあなた。あなたがそんなことをするなら、あなたの国の人間たちを毎日千人殺しましょう」

イザナキはその言葉に対し、こう答えます。

「愛しい妻よ。あなたがそうするならば、私は毎日千五百の産屋を建てよう」

産屋は出産するための小屋のことです。産屋を毎日千五百建てようということは、千五百人の子供たちが生まれてくるようにしようという意味になります。イザナミの言葉によって人間の死が定められましたが、毎日人が生まれ、その数は亡くなる人の数よりも多くなることが決まったわけです。

イザナミは、国を生み、山川草木などの自然界も生み出す、創造神でした。生む女神です。その生む力は女神たちの中でももっとも強いといえるでしょう。その生み出す力は、呑《の》み込む力の強さにつながり、黄泉の国に人を呑み込む死の女神になりました。

そのイザナミの死は、神話の中で描かれる最初の死です。興味深いことにイザナキは死者の世界に迎えに行きます。つまり、わたしたちの死と違うのは、死者の国との行き来ができ、イザナミにも戻ってくる可能性があったということです。

イザナミ

このときイザナキは死ということを理解できていなかったようです。火を点してイザナミの腐乱した死体を見て、死とは生とは違うのだということを知り、死んだ者は戻らないのだと理解したのでしょう。そして葦原中国《あしはらのなかつくに》へと逃げ帰り、黄泉の国との出入口を大きな岩でふさぎます。もう黄泉の国に生きたまま入ることはできないし、死者が黄泉の国を出てよみがえることもなくなったわけです。そしてイザナミによって人間の死が定められますが、それは生き返ることのない死でもあります。

神話は、混沌から秩序へという流れを持つということを第二章で述べましたが、イザナミの最初の死の段階でも、まだ生と死の区別は明確ではありませんでした。それがイザナキによる黄泉の国訪問の神話を通し、生と死がはっきりと区別されていくことになります。最初の死をもたらしたのが火であり、またイザナキが死を目の当たりにするのも火がきっかけであったことを考えると、火の神話の中での役割はとても大きいといえます。

古事記によると、イザナミは亡くなった後、出雲国《いずものくに》（島根県）と伯耆国《ほうきのくに》（広島県）の境にある山に葬られたとあります。日本書紀では、紀《き》伊国《いのくに》（和歌山県）、熊野の有馬村

伊賦夜坂と伝えられる場所　© けんじ /PIXTA

に葬られ、土地の人々はイザナミを祀《まつ》るため、季節の花を使い、鼓や笛、旗を使って歌い舞って祀ったとあります。

現在の三重県熊野市有馬町には花窟《はなのいわや》神社があります。この神社の祭神はイザナミで、この地がイザナミの葬られた場所と伝えられています。ご神体はとても大きな岩。まるで黄泉の国との出入口をふさいだ岩もこのようなものだったのかなと思わせるものです。ここで人間の死が定められたのかも、と想像すると少し怖くなるかもしれませんね。

古事記は、黄泉国と葦原中国の間にある黄泉比良坂は、「出雲国の伊賦夜坂《いふやさか》という」と語ります。黄泉比良坂、平らな坂とは矛盾した表現ですよね。しかも、黄泉の国から上り坂なのか下り坂なのかもわかりません。この黄泉比良坂と伝えられる出雲の伊賦夜坂は、島根県松江市東出雲町にあります。あくまでも黄泉比良坂は神話の世界ではあるのですが、この伊賦夜坂と伝えられる場所に行くと、なるほどここは黄泉の国へとつながっているかもしれないと感じさせます。道は細く、うねっています。まさに平らであるようで坂なのです。古くから人々がここに黄泉比良坂のイメージを重ね合わせてきたことが納得できる。そんな場所です。

2 永遠の命と有限の命をあらわす姉妹 イワナガヒメとコノハナノサクヤヒメ

日本の神話では、アマテラスの孫のホノニニギが地上に支配者として下り、そのひ孫が大和で即位し初代の神武天皇になったと伝えられています。そこから現在まで天皇という存在が続くことになります。つまり天皇は神の子孫とされているわけです。不死であるはずの神の子孫ですが、天皇も人間と同じように年を取り、亡くなっていきます。それはどういうことでしょうか。おそらく古代の人々も同じように疑問に思ったでしょう。天皇の死の起源の神話も伝えられることになります。

地上に下ったホノニニギの最初のエピソードは結婚にまつわるものです。ホノニニギはとても美しい女神に出会い、求婚をします。山の神の娘でコノハナノサクヤヒメといいました。木の花とは山桜のこと。桜の花のように美しい女神です。父である山の神オオヤマツミも喜んで娘の結婚に同意します。たくさんの祝いの品々とともに、コノハナノサクヤヒメだけでなく、さらに姉のイワナガヒメという娘も差し上げました。

ところが桜の花のように美しいコノハナノサクヤヒメとはことなり、イワナガヒメは岩のように醜かったので、ホノニニギはイワナガヒメを返してしまいました。娘を帰されたオオヤマツミは次のようにいいます。

「わたしが娘を二人差し出したのには理由があります。イワナガヒメには、アマテラスの子孫たちの命が岩のように永遠であるように。コノハナノサクヤヒメには、子孫たちが桜の花が咲き誇るように栄えるようにと願いを込めていました。ですが、あなたはイワナガヒメを返し、コノハナノサクヤヒメとだけ結婚するといいます。あなたの子孫は桜の花のように栄えますが、花のようにはかない命になるでしょう」

そのため、ホノニニギの子孫たちは、神の子孫であるにもかかわらず、人間と同じ限りある命となったのです。

永遠の命をあらわすイワナガヒメ、はかない命をあらわすコノハナノサクヤヒメ。この女神たちは死の定めに関わる神ということができます。

永遠性をあらわすものと、はかなさをあらわすもの、二つの選択肢を与えられ、はかなさをあらわすものを選んだために、死が定められる、という神話は他の地域にもあります。インドネシアのアルフール族という人たちの神話では、人間が神から石とバナナを与えられ、石を拒否してバナナを喜んで受け取ったためにバナナのような限りある命となったと伝えています。この神話から、このようなタイプの神話をバナナ型の死の起源神話と呼んでいます。イワナガヒメとコノハナノサクヤヒメの神話も、もちろんバナナ型の死の起源神話です。神話の中で、「限りある命」の代表的な存在として何が選ばれるかは、その地域、文化によって異なっています。日本では桜の花だったということなのでしょう。

いまでもわたしたちは桜の花を愛で、その花が散っていくことを惜しみ、季節の移ろいを感じます。その感性は神話の世界ともつながっているんですね。

銀鏡神楽

ところで、醜いからと返されてしまったイワナガヒメはとても気の毒です。古事記や日本書紀には彼女のその後については語られていません。ですが、神話の舞台となった日向、現在の宮崎県にはイワナガヒメに縁の地があります。

宮崎県の西都《さいと》市の山間にある銀鏡《しろみ》神社は、イワナガヒメを祀ります。神社の名ともなっている「銀鏡」とは、イワナガヒメの鏡のことで、女神はその鏡で自分の顔を見て、その醜さをいやになってしまい、投げ捨てたとか。神社は、その鏡をご神体としているそうです。銀鏡神社には古くから伝わる神楽があり、毎年十二月には夜通し神楽を奉納する祭礼が行われます。女神の気持ちを人々が慰めているかのようです。

第四章　天をつかさどる神

わたしたちは太陽や月のことを親しみを込めて「お日様」、「お天道様」、「お月様」と呼んだりします。農耕が主な生業《なりわい》であった日本人にとって、太陽のありがたさはとくに強く意識されていたことでしょう。また種まきや刈り取りの時期などを知る上で、月の満ち欠けは暦として注意を払われてきました。

太陽や月とともに、天体というと星もあります。星と神話というと、ギリシャ神話の星座の話や天の川をめぐる織り姫と彦星の神話など、豊かな神話があるようなイメージがありますが、意外にも日本の神話では星はあまり語られていません。全くないわけではないのですが、少ないといっていいでしょう。では、どんな話が語られているのか、見ていくことにしましょう。

1　不在が暗闇をもたらす　アマテラス

日本神話の最高神であるアマテラスは、天照大御神と表記します。天を照らすというように、太陽神であることは明らかでしょう。その誕生はとても不思議なものでした。

第三章のイザナミのところで紹介したように、イザナキは亡くなった妻イザナミを連れ戻すために死者の国である黄泉《よみ》の国へと向かいます。しかし、そこで変わり果てた死者としての妻の姿を見てしまい、葦原中国《あしはらのなかつくに》へと逃げ帰ります。イザナキは、死者の世界で穢《けが》れてしまったと思い、体を清める禊《みそぎ》を行うことにします。場所は「筑紫《つくし》の日向《ひむか》の橘《たちばな》の小門《おど》の阿波岐原《あはきはら》」。そこでイザナキは、持っていた杖《つえ》や着ていた衣類なども脱ぎ捨て、全身清めます。そして清まったところで最後に左目を洗ったところアマテラスが生まれました。つづいて右目を洗ったところツクヨミが、鼻を洗ったところスサノオが生まれました。父であるイザナキは、これまでたくさん子供たちをもうけたけれど、最後に最も貴い神たちが生まれたと喜び、なかでもアマテラスに自分の首から首飾りを与え、神々が暮らす高天原《たかまのはら》を治めるようにいいました。天を照らす神が、まさに天を治めることになり、最高神となったのです。

アマテラスが太陽の神であることをもっともよく示すエピソードが天の岩屋神話でしょう。天を治めているアマテラスのもとに、あるとき海を治めることになっていたはずの弟スサノオが荒々しい様子でやってきます。てっきり天を奪いに来たと思ったアマテラス。戦う格好で出迎えますが、スサノオはそうではないといいます。誓約という占いの結果、スサノオに邪心がないことがわかります。するとスサノオは高天原で大暴れ。田の畦《あぜ》を壊したり溝を埋めたり。さらには重要な儀式を行う宮殿に糞《ふん》をするという乱暴を働きます。挙げ句にアマテラスが神聖な衣を織らせているところに屋根に穴を空け、皮を剝いだ馬を投げ込みました。このとき、機織《はたお》り女が驚いて機織りの道具で体を傷つけ、亡くなりました。

機織り女の死を目の当たりにしたアマテラスは、恐ろしくなって天の岩屋に閉じこもってしまいます。天を照らす太陽の神が洞窟に隠れてしまったわけですから、天も地上も真っ暗闇に。夜が明けなくなってしまいます。すると悪い神々もざわざわと騒ぎだしました。そこで天の神々は、天の安河原というところに集まって、知恵の神オモイカネが中心となり、アマテラスを岩屋から引き出すための相談をします。

常世《とこよ》の長鳴鶏《ながなきどり》という鶏を集めて鳴かせ、鏡や勾玉《まがたま》などを作り、占いをして賢木《さかき》を山から掘り取ってくると、その木に作った鏡や勾玉をかけて飾り付けをします。そうして祝詞《のりと》を奏上し、力持ちのアメノタヂカラオが岩屋の戸の脇に隠れ立つと、アメノウズメが桶《おけ》を伏せた上に乗り、踏みならしながら胸も露わに踊り出します。女神が陰部まで露出して踊り出したのですから、神々は大盛り上がり。笑い声が高天原に響き渡ります。

神々の笑い声が岩屋の中にまで届いたのか、アマテラスは戸を少し開いて内側から声を掛けました。「わたしが籠って、天も地も真っ暗になっているはずなのに、なぜアメノウズメは歌い舞い、神々は笑っているのですか」。それに対し、アメノウズメは、「あなたよりさらに貴い神がいらっしゃるので、皆で喜んで笑い、歌ったり舞ったりしているのです」と答えました。そう答えている間に、ほかの神が、先ほど用意しておいた木に鏡を取り付けたものを差し出します。鏡に映った自分の姿を見たアマテラスは、それが神々のいう「さらに貴い神」なのだと思い、よく見ようとさらに身を乗り出します。そこをアメノタヂカラオが手を引いて、外へと引き出しました。これでようやく世界に

アマテラス

光が戻ります。

アマテラスがいなくなることで世界が真っ暗闇となり、再び現れると明るくなる。まさに太陽の神であることが描かれています。神々がアマテラスを呼び戻すために長鳴鶏を鳴かせますが、これは鶏が夜明けとともに元気良く鳴くという習性をもつことを利用したのでしょう。鶏が太陽を呼ぶという考え方があったのかもしれません。

スサノオを怖れて岩屋に閉じこもってしまったアマテラスですが、籠もるという体験をして、以前より成長したのでしょう。鏡は岩屋から顔を出したアマテラス自身を映しています。そのとき神々が「あなたよりも貴い神が現れた」といったのは、以前より成長したアマテラスがここにいるよ、と伝えているのだと考えられます。この神話のあと、アマテラスはスサノオがやってきたときに一人で早合点してしまったような間違いはせず、つねに周りの神に意見を求めるような統治者になっていきます。太陽の神で最高神と位置づけられていても、神話のなかで成長していく姿が描かれているところも興味深いですね。

さて、アマテラスがいるのは高天原、つまり天なので地上世界に伝承地があるのは不

天岩戸神社天安河原　©ram87/PIXTA

思議な気もしますが、宮崎県の高千穂町は古くから高天原の伝承地とされてきました。その名も天岩戸神社という神社があり、ご神体はアマテラスが隠れたとされる岩屋、すなわち洞窟になります。その洞窟は断崖の中ほどにあり、行くことは出来ませんが、渓谷の対岸にある西本宮の遥拝殿《ようはいでん》から神職さんのご案内で遥拝（仰ぎ見て拝む）することができます。このあたりは大変古い時代に阿蘇山《あそさん》の火山活動によって噴出した溶岩流によってできた渓谷。不思議な景観が作り出されています。地上であっても、とうてい普通の人が近づけないような神秘的な場所に天の岩屋はあるのだと古代の人々も考えたのでしょう。

この天岩戸神社から渓谷を歩いていくと、神々が集まった場所と伝えられる天安河原宮があります。仰慕窟《ぎょうぼがいわや》という洞窟で、オモイカネが祀られています。河原の石を積み上げて祈願をすると神様に通じるといわれています。空気がしっとりと濡《ぬ》れていて、神々の息吹が聞こえてきそうな場所です。

日本は長く米を主食とし、稲作を中心に農業を展開してきました。そんな日本人にとって太陽の恵みは必要不可欠なもの。太陽神アマテラスが神々のなかでもっとも貴い存在とされたのも当然でしょう。そのアマテラスをお祀りする神社が伊勢《いせ》神宮です。伊勢神宮とは通称で、正式名称は「神宮」。まさに日本の神社の中心的な存在です。

創建の由来は、天の岩屋からアマテラスを引き出す際に使用された鏡が関わっています。この「八咫鏡《やたのかがみ》」は、勾玉、剣とともにアマテラスの孫のホノニニギが地上に降る際に下されました。なかでもこの「八咫鏡」は、アマテラスが自分自身を映した鏡であるためか、アマテラスそのものとしてお祀りするようにと伝えられます。以降天皇は鏡を同じ宮中に祀っていましたが、第十代の崇神天皇は、恐れ多いことなので別にお祀りしようといいます。最初は大和（奈良県）の笠縫村《かさぬいむら》というところに祀り、その後垂仁天皇の皇女倭姫命《やまとひめのみこと》が、ふさわしい場所をもとめて各地をまわり、伊勢の地に至ったところ、神の意志にも適《かな》う場所であることがわかり、そこに宮を建てることになりました。

伊勢神宮では、二十年に一度式年遷宮といって敷地内のすべての社殿を新しくし、旧社殿から神をお遷《うつ》しする儀式が行われます。旧正殿からアマテラスをお遷しするときには、鶏鳴三声といって、鶏の鳴き声を模して神職が発声することが行われます。まさに太陽神を鶏の声をきっかけにして呼び出そうとする天の岩屋の神話を再現する儀礼です。

2　謎めいた月の神　ツクヨミ

太陽と月というといずれも地球から見上げる天体で対の存在。太陽神が重要な役割を果たすなら、月の神もそれに次ぐくらいの役割を持っているのが当たり前のように思われますが、古事記や日本書紀には驚くほど月の活躍が描かれません。

古事記によると、月の神ツクヨミは、イザナキが禊をしたときに右目から生まれたとされています。その前に生まれたアマテラスは高天原を治めることを命じられ、ツクヨミは「夜の食国《おすくに》」すなわち夜の世界を治めるようにといわれます。それぞれ命じられたところを治めたとありますが、ここでツクヨミの登場場面はおわります。このあと神話はツクヨミの後に生まれたスサノオとアマテラスが中心となって展開していきます。

日本書紀のほうには、もう一つ神話が伝えられています。日本書紀は、複数の異伝を載せていますが、第五段の十一の一書では、ツクヨミはイザナキによってアマテラスと一緒に天を治めなさいと命じられました。あるときアマテラスはツクヨミに、葦原中国にウケモチという神がいると聞くので、その神の様子を行ってみてきなさいといいます。ツクヨミが出かけていくと、そのウケモチは口からご飯や海の幸、山の幸を出し、それらでツクヨミをもてなそうとしました。その様子をみていたツクヨミは、「口から出したもので自分をもてなそうとするなんて、なんと汚らわしいことをするのだ！」と言って怒り、ウケモチを斬り殺してしまいました。そして天に帰り、アマテラスに事の次第を報告したのです。

それを聞いて怒ったアマテラスは、「お前はなんと悪い神なのだ！　もう二度と会わない！」と宣言します。そのためアマテラスとツクヨミは昼と夜に別れて暮らすことになり、同じ天にいても、二度と顔を合わせることはなくなりました。昼と夜の区別ができた由来を語る神話です。

かわいそうなウケモチについては、アマテラスが様子を見に使者を送ったところ、すでに亡くなっていましたが、頭のところからは牛や馬が、額には粟《あわ》が、眉には蚕が、目には稗《ひえ》が、腹には稲が、陰部には麦や大豆小豆が生じていました。使者がそれらをすべて取ってアマテラスに持って行くと、アマテラスはとても喜び、これらを人間たちが食べていくものだと定め、稲については、天に稲田を作って植え、蚕を口に含んで糸を出し、養蚕の方法を定めたといいます。食物や産業のはじまりに月の神が関わったことを語る重要な神話ですが、日本書紀でもこの後ツクヨミが出てくることはありません。

古代の人々は月に対してどのような思いを抱いていたのでしょうか。古事記や日本書紀には詳しく記されませんが、これらの文献と同じ奈良時代に残された歌集である万葉集には、ツクヨミが登場する歌があります。

天橋も　長くもがも　高山も　高くもがも　月読《つくよみ》の　持てるをち水
い取り来て　君に奉《まつ》りて　をち得てしかも

（万葉集　巻十三　三二四五）

この歌は、長い天への橋があるといい、高い山があるといい、そうしたらツクヨミが持っている「をち水」をとってきて、君に奉るのに、という意味です。「をち水」とは若返りの水のこと。若返りの水が月にあると歌っているのです。欠けては満ちていく月に不死や若返りというイメージを持っていたことがわかります。「竹取物語」のかぐや姫は、月の都の人で、月に帰るときに不死の薬を天皇に差し上げています。月の神話はほとんど伝えられていませんが、古代の人々が月に抱いていたイメージは、このような形で知ることができます。

神話の少ないツクヨミなので、お祀りしている神社も多くはありませんが、姉であるアマテラスを祀る伊勢神宮には、内宮の別宮として月讀宮《つきよみのみや》があり、また外宮の別宮として月夜見宮があります。別宮とは、伊勢神宮のもっとも重要な社である正宮についで重要な社をいい、内宮に十カ所、外宮に四カ所あります。いずれも内宮、外宮からは少し離れたところにあります。日本書紀では、二度と会わないと言われてしまいましたが、伊勢神宮を訪れたときには、ぜひツクヨミのお宮もお参りしたいですね。

3　意外に神話が少ない　星の神

アメノカカセオ

月について多くを語らない日本神話。星についてとなるとさらにごくわずかです。古事記には星の神であることを思わせるような神は登場しません。日本書紀のほうには星の神が登場する場面があります。それは国譲り神話です。オオクニヌシが治めていた地上の葦原中国を、自分の子や子孫たちが治めていくべきだと考えたアマテラスは、使者を派遣してオオクニヌシの説得に当たらせます。さまざまな困難がありましたが、タケミカヅチとフツヌシという戦いの神がほとんどすべて平定をしました。ところがある言い伝えでは、星の神カカセオだけが従いませんでした。そこで倭文《しとり》の神、つまり機織りの神であるタケハヅチを派遣し、平定しました。また別の言い伝えでは、タケミカヅチとフツヌシが葦原中国に向かう前に、天にいる悪い神であるアメノカカセオを倒していこうと言ったとあります。

どちらの伝えでも、星の神カカセオは高天原に従わない神です。その神を機織りの神が服従させたというのも不思議です。糸を紡ぐことや機を織ることは、運命や秩序を織りなすことを意味するといいます。アマテラスの高天原での仕事の一つも機織りでした。ギリシャ神話にはモイライという糸を紡ぐ運命の女神がいます。北欧神話のノルンという女神も運命の糸を紡ぐ女神です。秩序や運命の力で従わない神を屈服させることを意味しているのかもしれません。

スバル星とアメフリ星

浦島太郎というと、とても有名な昔話です。この昔話、実は本当に古い昔から伝わっていたようで、日本書紀や風土記の逸文、万葉集などに、わたしたちが知っている話にとても近い話が載っています。そのなかでも「丹後国風土記逸文」では浦島太郎（嶋《しま》子《こ》）と星の関係が伝えられています。

筒川という村に嶋子という優雅な姿をした若者がいました。この嶋子が船に乗って海で釣りをしていると五色に輝く亀を釣り上げました。不思議だなと思いながらも、そのままうとうとしていると、亀はとても美しい乙女に変わります。その乙女は嶋子が素敵な男性なので、風と雲に乗ってやってきたのだといいます。その不思議な話に嶋子はこの乙女がただ者ではないと感じます。その乙女が嶋子とともに暮らしたいというので、一緒に常世の蓬莱山《ほうらいさん》へと向かうこととなりました。

その島は宝玉を敷き詰めたような美しさ。立派な家があり、その門をくぐると、乙女はそこで待つようにといいます。すると七人の子供たちがやってきて嶋子に向かって「亀姫の夫だ」といいます。つづいて八人の子供たちがやってきて、同じように言うので、あの乙女は名を亀姫というのだとわかりました。そうしているうちに乙女・亀姫がやってきたので、先ほどの子供たちの話をすると、「七人の子供はスバル星、八人の子供はアメフリ星ですよ」と答えます。

そうして嶋子は亀姫の家族たちと会い、にぎやかな宴会に参加しているうちに時が経つのも忘れてしまい、そのまま亀姫と夫婦になりました。三年が経ち、故郷を懐かしく思った嶋子は帰りたいと言い出して、二人は別れることになります。そのとき亀姫はこう言いながら箱を渡します。「もう一度ここに帰りたいと思うなら、決してこの箱を開けてはいけません」

故郷に帰った嶋子が見たのは、時が経ち、すっかり変わってしまった村でした。里人に聞いてみると、三百年以上前に海に出て戻らなくなった嶋子という人物がいた、と聞いているといいます。絶望した嶋子は、乙女を思いながら箱を撫《な》でているうちに、思わず約束を忘れて開いてしまいました。箱からかぐわしい香りが風に乗って飛んでいきます。そのとき嶋子は、二度と亀姫には会えないのだと悟りました。

浦島太郎の話とよく似ていることが分かりますが、大きく違う点は竜宮城ではなく蓬莱山に行くこと。そしてそこに子供の姿の星がいることとです。蓬莱山とは海の彼方にあり、仙人たちが住み、不老不死の薬があると伝えられる山。そこで出会った七人の子供たちはスバルだといいます。スバルは牡牛座のプレヤデス星団のことで、アメフリ星とは畢宿《ひつしゅく》といって牡牛座の顔の部分にあたる八つの星をいいます。この星の子供たちがいったい何を意味しているのかは不明です。嶋子が出かけていったのは、海の向こうなのか空なのか。海の彼方は、水平線で空と交わります。星がよく見える海辺では、水平線ぎりぎりのところまで星が見えたりします。かつては今以上に星がよく見えていたでしょうから、海の向こうは天とつながっているように感じられたでしょう。そのため海の話に星が登場するのかもしれません。古代日本で星がどのような意味を持っていたのか、まだまだ謎のままです。

第五章　人々が求める英雄の姿

住んでいる街に怖ろしい怪物が現れたとき、どんな英雄に助けてもらいたいと思うでしょうか。不思議なことに、実際に怖ろしい怪物が現れることはまずないにもかかわらず、神話や伝説にはそのような話がたくさんあります。映画やマンガ、アニメなど、現代に生み出される作品の中にも、そういった話は多いですね。怪物が何を意味しているのか。川の氾濫などといった自然災害の象徴なのか、それとも敵対している集団を示唆しているのか、さらには人間の心の奥底に潜むイメージが生み出したものなのか。解釈にはさまざまあり、一つの結論が得られるわけではありません。しかし、戦う神、伝説上の戦う人物の性格をみてみると、人々がどのような存在に助けてもらいたいと思っていたのか、どんな戦い方をする神や人を欲しているのか、人々の求める英雄の姿を知ることができます。ヘラクレス、ペルセウス、アーサー王にジークフリート、などなど世界中にさまざまなタイプの英雄がいますが、日本の神話、伝説にはどんな英雄が活躍するのでしょうか。

1　乙女を救うために英雄に　スサノオ

乙女が怪物に襲われそうになっているところに英雄が現れ、戦って救うという話は世界中にある英雄話の典型的なものです。ギリシャ神話の英雄ペルセウスが、エチオピアの王女アンドロメダを海の怪物から救った話が代表的であるため、「ペルセウス・アンドロメダ型」と呼ばれますが、設定を変え、怪物を別のものにすれば、今もあちらこちらにみることができそうです。

日本の神話のなかで「ペルセウス・アンドロメダ型」の英雄といったらスサノオです。スサノオは、高天原で大暴れをして追い出されてしまいますが（第四章1参照）、その後出雲《いずも》にやってくると、打って変わって英雄として活躍します。

出雲にやってきたスサノオは、川の上流から箸が流れてきたのを見つけます。きっと上流には人が住んでいるのだろう、そう思って、出かけていってみると、老夫婦が少女を間において泣いています。訳を聞いたところ、毎年ヤマタノオロチという怖ろしい怪物がやってきて、夫婦の間の娘を食べていってしまうのだとか。今年は最後に一人残った娘のクシナダヒメが食べられてしまう番になったため、泣いているのだと説明します。そのヤマタノオロチとは、頭が八つで尾も八つ。身体は八つの峰を渡るほど巨大だといいます。スサノオはその話を聞き、クシナダヒメとの結婚を条件に、ヤマタノオロチ退治を約束しました。

手始めにスサノオは何度も繰り返し醸造した強い酒を造らせ、八つの瓶《かめ》に注がせます。そこにオロチがやってきて、一つ一つの瓶に頭を突っ込んで酒を飲み出しました。強い酒で酔っ払ったオロチは眠ってしまいます。そこをスサノオがずたずたに切り裂き、オロチを倒すことに成功しました。

オロチの尾を切っているとき、スサノオの剣が欠けます。自分の立派な剣が欠けたことを不思議に思ったスサノオが、その尾を裂いてなかを見てみると、なんとも霊妙な立派な剣がありました。スサノオはその剣を取り出し、天にいるアマテラスに献上しました。のちに三種の神器の一つとなる天叢雲剣《あめのむらくものつるぎ》、すなわち草薙剣《くさなぎのつるぎ》がこの剣です。こうしてオロチを退治したスサノオは、クシナダヒメと結ばれ出雲で暮らすことになりました。

ヘビは水辺に暮らすことから、古くから水の神と考えられてきました。この神話には、田を表すようなクシナダヒメが登場しています。そのためオロチ退治の神話を、氾濫を起こす水の神から田を守る神話と解釈することもできます。スサノオのヤマタノオロチ退治と川の治水とのつながりを感じさせる神社が関東にも多くあります。氷川神社というと、関東圏の人にとっては聞いたことがあるという人も多いのではないでしょうか。

氷川神社という名は出雲を流れ、ヤマタノオロチそのものを意味するともいわれる斐《ひ》伊川《いがわ》に由来するともいわれています。

氷川神社という名の神社は、埼玉県、東京都、神奈川県を中心として、約二八〇社あるといいます。その中心となる総本社は、さいたま市にある武蔵国一宮氷川神社です。一宮とは、その国（この場合は武蔵国）でもっとも位の高い神社のこと。この一宮氷川神社があるため、その地名も「大宮」となりました。神社の東側に、かつて見沼という大きな沼があり、その沼からの水で肥沃な土地となっていました。そのため神の恵みの沼ということで「神沼《みぬま》」とも呼ばれたそうです。現在も氷川神社の境内にはその名残と

氷川神社　神池と神橋　© 髙橋義雄 /PIXTA

される「神池」があり、境内の奥にある「蛇の池」から湧く水が注ぎこんでいます。蛇の池という名もまた、ヤマタノオロチからきているのだとか。

関東平野には多くの川が流れ、人々に恵みを与えてくれていますが、その川は、常に静かに流れているわけではなく、ときにヤマタノオロチのように荒々しく人々の暮らしを脅かします。その流域にヤマタノオロチを倒したスサノオを祀《まつ》る氷川神社が建立され、クシナダヒメを救ったように田を守ってくれるよう願ったのでしょう。

スサノオのヤマタノオロチ退治といえば、出雲が舞台ですが、遠い関東の地でも、その物語に因んだ神社があります。日本神話を代表する戦いの神スサノオに、自分たちの暮らしを守ってくれることを願ってきたのでしょう。

2　戦いのスペシャリスト　タケミカヅチ

戦うときの武器として、長い間人は剣を使ってきました。剣は敵を倒す最強の武器だったのでしょう。そんな剣が神格化されたような神がタケミカヅチです。

タケミカヅチは、その誕生から剣と深く関わります。古事記によると、イザナミが火の神カグツチを生んで亡くなってしまったとき、夫のイザナキは子供のために愛する妻を失ったことを嘆き、カグツチを剣で斬り殺してしまいました。そのとき剣についたカグツチの血が岩へと飛び、そこからタケミカヅチが生まれます。火と岩から生み出されてくる様子は、剣の精錬過程も思い起こさせるものです。

タケミカヅチがめざましい活躍をするのは、国譲り神話と呼ばれる話です。地上の葦《あし》原中国《はらのなかつくに》はオオクニヌシが、天はアマテラスが治めるという状況でしたが、あるときアマテラスは自分の子や子孫たちが地上を治めるべきであると考え、息子のオシホミミを降らせようとします。ところがオシホミミが地上を見たところ、ざわざわしていて神々が従うようにはみえません。そこで天の神々は、地上を治めるオオクニヌシに国を譲るよう説得をしに行く使者を立てることにしました。最初に選ばれたのは、オシホミミの弟のアメノホヒ。彼は、地上に降ると、そこが気に入ってしまい、そのままオオクニヌシのもとで暮らしはじめました。三年経ってもなにも音沙汰がないため、神々は次にアメワカヒコを使者とすることにします。

アメワカヒコは、オオクニヌシに代わって自分が葦原中国の王になろうと、オオクニヌシの娘と結婚をし、八年経っても天にはなんの報告もしませんでした。しかも天から事情を問うために送られた雉《きじ》も射殺してしまいます。天の神は、雉を射た矢が天に届いたため、その矢を投げ返します。矢はアメワカヒコに当たり、彼は亡くなってしまいました。

二度の失敗を受け、神々は三度目の使者として、普段は天の神々と交流していない剣の神に頼むことにします。武力行使も辞さないという覚悟でしょうか。そこで選ばれたのがタケミカヅチです。タケミカヅチは父であるイツノオハバリと、高天原《たかまのはら》を流れる川の上流に住んでいました。そこはとても険しいところで、ほかの神々は行くことができません。そこでアメノカクという神が頼みに行くことになります。このアメノカク。鹿のことだろうといわれています。鹿は崖のような険しいところも通ることができる能力があるため、選ばれたのだろうと思います。アメノカクから事情を聞いたイツノオハバリは、快くタケミカヅチの派遣を承諾しました。

タケミカヅチとは「建御雷神」と書きます。天を切り裂いて地上に届く雷のように、タケミカヅチは葦原中国にやってきたのでしょう。波の上に剣を立て、その切っ先にあぐらをかいて座り、オオクニヌシにアマテラスの意向を伝えました。オオクニヌシは、息子のコトシロヌシの意見を求めます。コトシロヌシは、すぐにアマテラスの申し出に従うと答えます。そこに表れたのがもう一人の息子のタケミナカタ。大きな岩を片手で持ち、タケミカヅチに向かってきました。タケミナカタが、タケミカヅチの手を取ると、その手はすぐに氷になり、剣になります。驚いて手を引こうとすると、タケミカヅチは逆にタケミナカタの手をぎゅっと握り、若い葦を引っこ抜くように投げ飛ばしました。恐れをなしたタケミナカタは、出雲から現在の長野県の諏訪湖《すわこ》のほとりまで逃げ、そこ

稲佐の浜　© 二匹の魚 /PIXTA

からは出て行かないことを誓います。

息子たち二人も屈服し、オオクニヌシも国を譲ることに同意します。こうして葦原中国はアマテラスの子や子孫たちが治める国となりました。

剣の切っ先の上にあぐらをかいて登場するという、普通なら痛くて我慢できないようなことをするのも、剣そのものであるようなタケミカヅチの性格を表しています。

その出現した場所と伝えられているのが、島根県出雲市の出雲大社の程近く、一キロほどの距離のところに位置する稲佐《いなさ》の浜という海岸です。毎年旧暦の一〇月一〇日には、全国の神々をこの場所でお迎えし、出雲大社へと案内します。稲佐の浜は神々が出現する場所ということなのでしょう。

タケミカヅチと剣の関わりを示す話がもう一つあります。それは人の時代の最初に位置付けられているカムヤマトイワレビコ、のちの神武《じんむ》天皇の東征神話です。タケミカヅチの功績でアマテラスの孫のホノニニギが日向《ひゅうが》（現在の宮崎県）の高千穂に天降ります。その子孫として登場するのがカムヤマトイワレビコ。のちに即位して初代の天皇となります。カムヤマトイワレビコは、日向よりも東のほうで国を治めることにし、日向を出発します。その後の旅は順調ではなく、刃向かう敵に苦戦して兄を亡くすなどの困難がありました。そんな中、熊野では、神が大きな熊の姿で現れます。その毒気に当たってしまったカムヤマトイワレビコと彼に付き従っていた軍勢は、みな正気を失って倒れてしまいました。その危機を救ったのが、高倉下《たかくらじ》という人物が持ってきた一振りの剣です。名をフツノミタマといい、タケミカヅチが国譲りで使用したものでした。剣がカムヤマトイワレビコらのもとにもたらされると、一行は目を覚まし、その後も大和に向かって歩みを進めることができました。

大和で初代の天皇として即位したカムヤマトイワレビコは、フツノミタマの力で救われたことに感謝し、鹿島（現在の茨城県鹿嶋市）の地に剣を降したタケミカヅチを祀ったと伝えられます。鹿島は、東国の要所。多くの神社は、本殿を南に向けて建てますが、鹿島神宮の場合は、北の方角に向かっています。それは、その方角を守るため。まだ大和朝廷の力が完全には及んでいなかった北方を守る要としてタケミカヅチが祀られたのです。

国を守る戦いの神タケミカヅチを、都の守りとしても迎えたいと思ったのでしょう。平城京が作られるとき、現在の奈良市にある春日山に迎えることにします。招かれたタケミカヅチは、白い鹿に乗ってやってきたといいます。そのことから奈良の春日大社では鹿は神の使い、神使となりました。鹿といえばいまや奈良の代名詞ともいえるような存在ですが、もともとは鹿島から神様を運んだ鹿の子孫とされています。

タケミカヅチが国譲り神話で活躍するきっかけを作ったのは、彼を使者として迎えに行ったアメノカク、鹿の神でした。戦いの神のお使いと思ってみてみると、奈良公園の鹿もまた違って見えるかもしれませんね。

3　戦いに武器はいらない！　タケミナカタ

戦うといったとき、剣や弓矢といった武器を使って戦う神もいれば、自分の力を頼みに素手でつかみかかってきたりするような神もいます。その代表がタケミナカタ。オオクニヌシの息子です。国譲りを求めにやってきた剣の神タケミカヅチに対し、大きな岩を片手に捧《ささ》げ持って力を示し、素手で戦おうとしました。手をつかみ取ったところ、タケミカヅチの手が氷になり、剣になってしまったため、驚いたタケミナカタは、思わず手を引っ込めようとします。そこを逆につかまれ、投げ飛ばされてしまいました。恐れたタケミナカタは、出雲から信濃国《しなののくに》（現在の長野県）の諏訪湖のほとりへと逃げていき、もうそこからは動かないと誓います。

素手でつかみ合い、投げ飛ばすという戦い方については、相撲の起源であるともいわれています。相撲は、まさに人と人が身体をぶつけ合い、力を競うもの。タケミナカタとタケミカヅチの戦いぶりは、たしかに相撲を思い起こさせます。タケミカヅチをお祀りする茨城県の鹿島神宮では、古くから神事として相撲祭が行われてきました。現在ではタケミカヅチと相撲の神話を聞いた後、十歳以下の男児が取り組みを行うそうです。

タケミナカタを祀る諏訪大社でも、もちろん相撲は重要な神事です。諏訪大社の上社では、九月一五日に十五夜相撲神事が行われています。相撲の化粧まわしを着けた青年たちが相撲甚句や相撲踊りを披露します。

荒々しく力を見せつけ、戦いを挑んだわりには、あっさりと負けてしまったタケミナカタですが、その力強さからか、戦いの神として知られていくことになります。タケミナカタを祀る諏訪大社は、タケミカヅチを祀る鹿島神宮や日本書紀でタケミカヅチとともに国譲りで活躍するフツヌシを祀る香取《かとり》神宮（千葉県）と並んで戦いの神としての信仰をあつめていきます。平安時代の終わりに後白河法皇が編纂《へんさん》した『梁塵秘抄《りょうじんひしょう》』という歌謡集には、次のような歌があります。

関《せき》より東の軍神《いくさがみ》　鹿島香取《かんどり》諏訪の宮　また比良《ひら》の明神
安房《あわ》の洲　滝の口や小鷹明神　熱田《あつた》に八剣《やつるぎ》伊勢には多度《たど》の宮（二四八番）

逢坂《おおさか》の関から東にある軍神を祀る社は、鹿島と香取の宮（鹿島神宮と香取神宮）、諏訪の宮（諏訪大社）、比良の明神（白髭《しらひげ》神社）、安房の国の洲《す》の宮（洲宮《すのみや》神社）、滝の口の小鷹明神（小鷹神社）、熱田に八剣の宮（熱田神宮の別宮）、伊勢には多度の宮（多度大社）

中世になると、軍記物語である『平家物語』の志度合戦《しどかっせん》と称される場面では、かつて神功皇后《じんぐう》が新羅《しらぎ》を攻めるときに伊勢の神が派遣してくれたのが住吉の神（住吉大社の神）と諏訪の神であったと伝えます。古事記や日本書紀とは違うタケミナカタの姿があるようです。

どうやらタケミナカタ＝諏訪の神への信仰は平安時代くらいから高まっていったようです。かつて朝廷は人間と同じように神にも位を与えていました。たとえば、稲荷神社をみてみると、「正一位稲荷大明神」という幟《のぼり》が立てられていることがあります。これは、稲荷神社のご祭神が「正一位」という最も高い位であったことを意味しています。タケミナカタ、つまり諏訪の神は、平安時代にこの位が大きく上がり、寛平《かんぴょう》年間には正一位にまでなっています。出世の神といってもいいかもしれませんね。

諏訪大社上社本宮一之御柱　©jimmy/PIXTA

タケミナカタを祀る諏訪大社は、上社と下社があり、上社には本宮（諏訪市）、前宮（茅野《ちの》市）、下社には秋宮（下諏訪町）、春宮（下諏訪町）があり、あわせて四つの宮からなります。

諏訪大社といえば御柱祭《おんばしら》があります。六年に一度、七年目となる寅《とら》年と申《さる》年に行われます。宝殿を造り替え四つある宮のそれぞれの四隅に建つ御柱を建て替える祭です。四隅に一本ということは合計で十六本。樅《もみ》の大木が山から切り出され、それを氏子たちが曳《ひ》き出します。曳くといっても、それは山から。「木落し」という約三〇度の坂を氏子を乗せたまま落とす行事もあります。街中を曳いていく「里曳き」には、騎馬行列や花笠《はながさ》の行列も加わって見物です。そして最後は、宮で垂直に立てる建御柱が行われます。荒々しくも勇壮な男性たちのお祭りに、現代のタケミナカタを見るようです。

4　悲劇の英雄の代名詞　ヤマトタケル

神々の時代が終わり、人の時代になっても、神と人の深い付き合いは続きます。古事記の中巻は、「神と人の時代」といっていいでしょう。そのなかでもとくに印象的な戦いをする英雄がヤマトタケルです。

ヤマトタケルは景行天皇の皇子で、もとの名をオウス（小碓命）といいます。彼にはオオウス（大碓命）という兄がいました。日本書紀では、二人は双子であったと伝えられています。

あるとき兄のオオウスが食事に出てこなかったため、父の天皇がオウスに、出てくるよう兄をよく説得することを命じます。ところがこのオウスは、あろうことか父の言葉を誤解し、兄をつかみ取って、手足をもぎ取って殺し、薦《こも》に包んで投げ捨ててしまったというのです。あまりに怖ろしいオウスのふるまいに、天皇は恐れを感じます。そこでオウスに対し、西に天皇に従わないクマソタケルという二人の兄弟がいるので、倒してくるようにと命じました。熊襲《くまそ》とは、現在の熊本県、鹿児島県北部あたりを本拠としていたと伝えられる人々。大和朝廷に抵抗していたとされます。オウスが出かけていくと、そこではどうやら宴会が行われる様子。そこでオウスは、髪型を少女のようにし、女装をして潜り込みました。女装をしたオウスは、かわいらしかったようで、熊襲兄弟にそばに来るようにいわれます。そこで近づいたときに、剣を抜いて、まずは兄を斬り殺します。次に弟の尻から剣を刺し通します。弟は、死ぬ前にオウスに名と素性を尋ねた上で、西には自分たちクマソタケルよりも強い男はいないから、これからはタケルの名を使い、ヤマトタケルと名乗るようにといいます。

見事に父から与えられたミッションを完遂したヤマトタケル。しかし父は、大和に戻ったヤマトタケルに、次は東の方に向かって朝廷にはむかう者たちを平定してくるようにいいます。ヤマトタケルは大和から伊勢へ向かい、アマテラスにお参りをし、そこで神に仕えている叔母のヤマトヒメに挨拶をします。そのときヤマトタケルは「父は自分が死ねばいいと思っているのだろうか。西の悪人たちを倒しに行き、やっと戻ってきたばかりなのに今度は東へ行けという。これは自分に死ねと言っているのだ」といって泣きました。そんな甥《おい》にヤマトヒメは、袋とアマテラスから伝わる剣を与えます。

東に向かったヤマトタケル。あるところでその土地の支配者が野原の中の沼に荒ぶる神がいるので倒して欲しいといいます。ヤマトタケルが野原に分け入っていくと、その支配者はそこに火を放ちます。だまし討ちです。火に囲まれてしまったヤマトタケルは、ヤマトヒメからもらった袋の中から火打ち石を取り出します。火打ち石で火を切り出す

ヤマトタケル

と、ヤマトタケルは持っていた剣で周りの草を薙《な》ぎ払い、火を相手方へと送りました。だまし討ちをしようとした者たちは、ヤマトタケルに斬られ、火で焼き払われてしまいました。その土地が、今の焼津《やいづ》（静岡県焼津市）だといわれています。そしてこの出来事から、ヤマトタケルが伊勢の叔母からもらった剣は草薙剣と呼ばれることになりました。

このあとヤマトタケルは三浦半島から房総半島へと船で渡ろうとしますが、海の神の力で海が荒れてしまいます。同行していた妻のオトタチバナヒメが海へと身を投じ、無事に渡ることができました。東国を「あづま」といいますが、それはヤマトタケルが妻を偲《しの》んで「吾《わ》が妻よ」と嘆いたことに由来するといいます。

房総半島（千葉県）からさらに東へと向かい、次々と従わない者たちを討伐していきます。信濃国（今の長野県）を通ったときには、山の神が、ヤマトタケルを苦しめようとして鹿の姿をして現れたこともありました。そのときには武器ではなく、食べかけのノビルを投げて殺します。その山の神の力のためか、その後一行は道に迷ってしまいます。するとどこからともなく白い犬が現れ、案内しようとするそぶりを見せたので、ついていったところ、無事に美濃国、いまの岐阜県の方へと抜けることができました。

そんな英雄ヤマトタケルに悲劇が訪れます。尾張国まで戻ってきたヤマトタケルは、その地でかつて結婚の約束をしていたミヤズヒメと再会します。彼女は月経の時期でしたが、かまわずに結ばれます。さらにつねに持ち歩いていた草薙剣をミヤズヒメのもとに置き、素手で伊吹山《いぶきやま》の神を討ち取ろうと出かけていきました。伊吹山の神を侮っていたのでしょう。

そんなヤマトタケルの前に、牛のように大きな白い猪《いのしし》が現れました。彼は、大声で「これは、神ではなくて神の使いだぞ。今は殺さないで、帰りに退治しよう！」と言い切りました。しかし、この猪は使いではなく山の神そのものだったのです。侮られたことに怒ったのか、山の神は激しい氷雨を降らせ、その雨に打たれたヤマトタケルは前後不覚に陥ります。衰弱しきったヤマトタケルは、とうとう能煩野《のぼの》（三重県の亀山《かめやま》市）の地で力尽き、故郷の大和を思いながら亡くなりました。

家族が大和から駆けつけ、お墓を作って嘆いていると、ヤマトタケルが大きな白い鳥となって飛び去っていったと伝えられます。

彼の死の原因は、草薙剣を持たずに行ったこととともいわれます。また戦いの前に生理中の女性と交わりました。この血の穢《けが》れとの接触もよくなかったという説明もあります。古事記では、白い猪に対して、本当は神であるのに、それに気づかずに「神の使いだ」と宣言したことが悪かったのだと説明されています。侮ったために、神の怒りに触れたのだと考えられます。連戦連勝のおごりがでてしまったのかもしれません。

悲劇の英雄という言い方があります。とても強く、頼りになるのに、なぜか疎まれたり、不幸に見舞われたりする英雄。歴史上の人物では、源義経などもそう言われることが多いですね。平家打倒の功績者でありながら、兄に疎まれ、反逆者として討たれた義経の物語は「判官贔屓《ほうがんびいき》」という言葉も生まれるほど、人々に同情を寄せられています。同じように父に疎まれ、西へ東へと休む間もなく戦いに明け暮れ、妻も失い、そして山の神の前に倒れる。ヤマトタケルも、典型的な悲劇の英雄といっていいでしょう。そんなヤマトタケルもまた、昔から人々を惹きつける存在でした。多くの土地が彼の冒険と結びつけられ、地名の由来となっています。

伝承地が各地にあるように、ヤマトタケルをお祀りする神社も、その土地土地にあります。ヤマトタケルは三浦半島から房総半島に渡りますが、その出発地に当たる現在の横須賀市には走水神社《はしりみず》があります。ヤマトタケルとその妻オトタチバナヒメを祀ります。また、オオカミ信仰があることでも知られる埼玉県秩父市《ちちぶ》の三峯神社《みつみね》は、ヤマトタケルがやってきてイザナキとイザナミを祀ったのが起源と伝えられています。このときヤマトタケルを案内したのがオオカミであったため、現在も神の使いとしています。神前を守る狛犬《こまいぬ》ではなく、オオカミの像があるのが特徴です。同じようにオオカミの伝承が伝わるのが、東京都青梅市の武州御嶽《みたけ》神社です。山で道に迷ったヤマトタケルの前に白いオオカミが現れ、導いたという伝承があり、そのオオカミを「大口真神《おおくちのまがみ》」として祀っています。「おいぬ様」と呼ばれていますが、ニホンオオカミのことを意味しています。武州御嶽神社は、このように「おいぬ様」を祀っていることもあり、かわいがっているペットの犬もご祈禱《きとう》してほしいという要望に応えています。多くの神社は、ペットを連れての参拝を禁じていますが、こちらについては大口真神社遥拝所《ようはい》でご祈禱をしています。

戦う英雄というイメージのヤマトタケルですが、実は連歌の発祥という文化的なことにも関わっています。連歌とは、最初に誰かが和歌を詠み、続けてほかの人が関連した歌を詠むという形式の歌遊びです。戦いに明け暮れたヤマトタケルのイメージとはかけ離れた感じがするかもしれません。その話が語られるのは、足柄山から甲斐国《かいのくに》、現在の山梨県に出たときのことです。今の甲府市のあたりでヤマトタケルは、長旅を思い次のように歌を詠みました。

新治《にいばり》　筑波を過ぎて　幾夜か寝つる

いったい旅に出て、どのくらいたったのだろうか、というため息が聞こえてくるような歌です。火を焚《た》いていた老人が、この歌を聞き、何日経っているのかを歌の形式で答えました。

かがなべて　夜には九夜　日には十日を

三峯神社の狛狼　©shalion/PIXTA

火を焚いていた老人、きっとそれほど身分の高くない者だったのでしょう。にもかかわらず、ヤマトタケルの心に寄り添うように歌をつなげた。そのことを喜んだヤマトタケルは、この老人を取り立て、国造《くにのみやつこ》という役職を与えたといいます。

この場所が、甲府市の酒折宮《さかおりみや》と伝えられます。連歌発祥の地として古くから知られ、とくに江戸時代には多くの文人たちがこの地を訪れたそうです。神話にちなんだ旅は、今も昔も変わりませんね。

このようにヤマトタケルにゆかりの神社、ヤマトタケルをご祭神としている神社は数多くあるのですが、面白いことにその「総本社」といえるような神社はありません。ヤマトタケルを祀る神社として有名な大鳥神社が大阪府堺市《さかい》にあります。ヤマトタケルが亡くなり、その魂が白鳥となって飛んでいき、舞い降りたところに建てられたと伝えられる神社で、この神社を本社として各地に大鳥神社（鳳《おおとり》神社、鷲《おおとり》神社）が建立されています。現在では関東地方中心に十一月の酉《とり》の日に行われる酉の市もよく知られています。たしかに全国の大鳥神社の本社ではありますが、走水《はしりみず》神社や酒折宮は大鳥神社を本社としているわけではありません。それぞれの土地でヤマトタケルの物語に由来して神社が建てられているのです。ヤマトタケルの足跡を神社とともに訪ね歩くという旅を一度してみたいと思っています。

5　戦うワーキングマザー　神功皇后

戦う神というと男神をイメージする人が多いでしょう。自分がなにかに襲われたとき、女神に助けを求めるということはあまりないように思います。ですが、たとえばアマテラスはスサノオが高天原にやってきたときに、高天原を奪いに来たのかと思い武装をして迎えます。ギリシャ神話では、アテナという女神はゼウスの頭を割って生まれ出ますが、そのときから武装していたといい、戦いの女神として知られています。このように戦う姿勢を見せる女神、戦いに際して祈られる女神もいます。

ヤマトタケルと同様、神代ではなく人代の登場人物で、勇ましく戦い、後世に戦いの神として祈願されるようになったのが神功皇后です。神功皇后は女性であり、母でもありました。その伝承を古事記に従って見てみましょう。

神功《じんぐう》皇后は第十四代仲哀《ちゅうあい》天皇の妻でした。仲哀天皇はヤマトタケルの息子です。ヤマトタケルは、伊吹山の神を侮って、神の使いだと言ってしまったことが死の原因となりました。このような思い上がり、神を侮ってしまうところは、息子にも受け継がれてしまったようです。仲哀天皇が筑紫（今の福岡県）の香椎《かしい》に宮を造り、そこで琴を弾きながら妻の神功皇后に神を依りつかせ、神の託宣を得ようとしました。すると神は神功皇后の口を借り、「西の方角に金銀や珍しいものがたくさんある豊かな国がある。お前のためにその国を与えよう」といいます。ところが天皇は「高いところに上って西のほうを見ても、海しかない」といい、嘘《うそ》をつく神だと思って琴を弾くのをやめてしまいました。すると神は大変怒り、「この天下はお前が治めるべきではない。お前は死者の国へ行け」といいます。そばにいた家臣の建内宿祢《たけうちのすくね》が、なんとかとりなそうとしますが、琴を弾くにも気はそぞろ。気が付くと琴の音が消えているので、火をつけてみてみると、天皇はすでに亡くなっていました。

大変な事態になったので、国中でお祓《はら》いをし、あらためて建内宿祢が神の託宣を得ると、神は、国は神功皇后のお腹の中にいる男子が治めるべきだといいます。そして、その託宣を出したのは、アマテラス、住吉の神であるとわかります。

この託宣を受け、すぐに神功皇后は、神の教えてくれた通りに軍を整えると、西に向かって船出しました。すると、海の魚たちが大小問わず集まってきて、船を背負って運んでいきます。追い風も吹き、あっという間に新羅《しらぎ》の国の半ばまで到達しました。新羅の王は、その勢いにただならぬものを感じたのか、「これからは天皇の言うことに従います」と服従することを誓いました。

このとき神功皇后は身重で、まだ大事な仕事が終わっていないのに産気づいてしまいます。そこで皇后は、産気を鎮めるため腰に石を巻き、帰国をした後で出産をしました。この御子がのちの応神《おうじん》天皇となるのですが、この御子《みこ》には腹違いの兄弟がいました。彼らは生まれたばかりの御子を敵視し、大和で迎え撃とうと準備を進めます。そこで神功皇后は、御子は亡くなったと噂《うわさ》を流し、葬送の船まで仕立てました。そしてその船に忍び込ませておいた軍勢に攻めさせ、討ち果たし、無事に御子を皇位に就かせることに成功しました。

神功皇后の伝承と関わる土地は、九州を中心に各地に存在します。仲哀天皇が神功皇后に神を依りつかせ、託宣を得た福岡県福岡市の香椎には香椎宮があり、仲哀天皇、神功皇后を神として祀ります。境内には、仲哀天皇の宮の跡と伝えられる「古宮」があり、ご神木の「香椎」を見ることができます。また、神功皇后が新羅から戻り、出産をした場所は、古事記によると「宇美」と名付けられたとあります。その宇美の地にあるのが宇美八幡宮です。出産をした際に、胞衣《えな》（胎盤）を川で清めて箱に入れて祀ったと伝えられる胞衣ヶ浦も境内にあります。

この宇美八幡宮の「八幡」とは八幡神のことをいいます。八幡神とは、応神天皇のことであるとされますが、八幡神をお祀りする際には神功皇后やその父である仲哀天皇、あるいは比売神《ひめがみ》も一体としてお祀りします。

八幡神の総本宮は大分県の宇佐神宮。八幡大神と神功皇后、比売大神を祀ります。この八幡大神は、奈良時代に東大寺の大仏建立に際して協力したと伝えられており、またその後道鏡が皇位を狙ったとされる事件では、神託を出して阻止をしたとされます。こうしたことから次第に中央からの崇敬も高まっていき、平安時代の初めには、京に勧請《かんじょう》され石清水《いわしみず》八幡宮が建立されることになります。この石清水八幡宮で元服をし、八幡神を篤く信仰したのが、八幡太郎の異名を持つ源義家。清和天皇にルーツを持ち、初の武

宇佐神宮上宮南中楼門　©papa88/PIXTA

家政権である鎌倉幕府を開いた源頼朝の祖先にあたります。そのため、源氏に連なる足利氏やのちの徳川氏ら多くの武士たちが八幡神を信仰し、全国に信仰が広まっていきました。鎌倉の鶴岡八幡宮をはじめとして、各地の神社にお祀りされている神としては八幡神が一番多いといわれています。

　武家からの信仰が篤いということもあり、八幡神を祀る多くの神社は戦いの神として信仰されてきました。現在でも流鏑馬《やぶさめ》などの行事が行われていたり、境内に弓道場などを持っている神社も少なくありません。スポーツを行う人たちには勝守りが人気です。しかし、実は、古事記や日本書紀に伝えられる応神天皇の話としては、戦いの物語はありません。他方で、ともに祀られる神功皇后の勇ましい新羅征圧の物語は、『平家物語』などでも語られ、後世繰り返し語り伝えられていくことになります。八幡信仰を支える戦いの神の中心には神功皇后がいるということができるでしょう。

東京の杉並区には大宮八幡宮という古社があります。ご祭神は応神天皇、仲哀天皇、神功皇后です。一一世紀の半ば、源頼義が前九年の役を鎮めるためにこの地を訪れたときに、この地に源氏の白幡《しらはた》のような白い雲を見たため、反乱を鎮めた帰路、この地に八幡神を祀ったことがはじまりだそうです。このような戦に関わる故事から、勝利を祈願する場としても知られ、境内には弓道場もあります。他方で、やはり安産、子育てを願う人も多く、幼稚園も併設されています。さまざまなものと戦う母たちを、神功皇后が応援してくれているようにも感じられます。

第六章　神さまだって恋をする

いつの時代も、いくつになっても、人は恋をします。神々だって恋をします。一目ぼれもすれば、嫉妬をすることも。成就する恋もあれば、悲しい結末になる恋も。神話のなかから、神々の話を恋愛というキーワードでみていくと、意外に面白いことが見えてきます。恋をする当事者たちだけでなく、仲裁をする神が出てくることもあれば、恋を邪魔する神もいます。相手の気持ちを疑う神もいます。今の私たちと変わらないような話がたくさん。思わず神に向かって「その人（神）、やめておいたほうがいいよ」と言いたくなることもあります。そんなふうに、身近な話として神々の恋の話を見ていきましょう。

1　実は禁断の恋?!　イザナキとイザナミ

世界を創った神であるイザナキとイザナミは、最初の結婚をした神です。第二章2でも紹介しましたが、オノゴロ島を作り、そこに降り立ち結ばれます。このとき二神は「あなにやしえをとめを」（なんて素敵な女性なんだ）、「あなにやしえをとこを」（なんて素敵な男性でしょう）と言葉を掛け合い、結ばれています。

この二神は、そもそもどういう関係でしょうか。妹イザナミ、と呼ばれるので兄妹とも解釈できますが、「妹」とは、古代では妻のことも意味します。また同じ親から生まれたというわけではなく、自然発生的に生じた神なので、厳密に兄妹ということはできないでしょう。ですが、イザナキ、イザナミという対応する名前を持つことや、同じ時に発生していることを考えると、兄妹と解釈できるような関係であるとはいえそうです。兄と妹が恋に落ちる。まさに小説にもありそうな話ですが、もちろん許されるものではありません。古代の日本では、異母、異父のきょうだいであれば天皇家では結婚することがあったようですが、同母同父の関係では許されていませんでした。日本書紀によると、允恭《いんぎょう》天皇のときに、木梨軽太子《きなしのかるのみこ》という皇太子の位にある御子が、同母妹の軽大《かるのおおいらつ》娘皇女《めのひめみこ》と結ばれてしまうということがありました。このことが発覚したのは、真夏なのに汁が凍るという不思議な現象が起こったためでした。天皇が占いをして調べたところ、二人の関係が明らかになったのです。このあと木梨軽太子は、皇太子の座を追われ、伊《い》予国《よのくに》へと流されてしまいました。古事記によると、妹の軽大娘皇女は、衣通郎女《そとおりのいらつめ》ともいい、美しさが光のように衣を通してあふれ出るほどの美女で、最後には伊予の国へと追いかけ、共に自害して亡くなったと伝えられます。

近親婚は、ほぼすべての文化でタブーとなっています。しかし、不思議なことに神話の中では近親婚が描かれることが少なくありません。ギリシャ神話のガイアは自分が生み出したウラノスと結ばれますし、その次の世代はきょうだいで結婚をします。ヘブライ語聖書（旧約聖書）では、アダムのあばら骨から女性のエヴァが作り出され、結ばれます。エヴァは、妹ではありませんが、アダムは「これこそ私の骨の骨、肉の肉」と述べています。いずれの文化も、親子やきょうだいでの結婚は許されていません。

イザナキとイザナミの神話と似ていると指摘されているのが台湾のアミ族の神話です。天変地異があり、二人だけ生き残った兄妹が結婚することとなり、太陽にお伺いを立て、許可が出たので結ばれたところ、異物が生まれてしまったので、流します。そこで月に尋ねたところ、近親婚のためであるから、二人の間に「むしろ」を挟んで交わるようにと教えられ、その通りにしたところ石を生み、そこから人類が増えていったといいます。この神話のように天変地異や洪水を一組の兄妹が生き残り、占いをして結ばれ、人類の始祖になるという話は、中国のサニ族やヤオ族にも伝わっています。

なぜ神話では近親婚が許されているのでしょうか。近親婚のタブーについての研究はさまざまな観点からのものがあります。心理学、人類学、遺伝学などなど、どれも説得力がありますが、神話の中だけで許される理由は説明できません。心理学者のフロイトは、人間の深層には、近親相姦《そうかん》の欲望があるのだといい、それをギリシャ神話で父を殺し母と結ばれたオイディプス王にちなんでエディプス・コンプレックスと呼びました。深層心理に抑圧された欲望が、神話の中では描かれているということでしょう。

手掛かりは、さきほどの木梨軽太子たちの物語にあるという説があります。あの話では、二人が結ばれたことで真夏に汁を凍らせるという異常現象が起こっていました。季節の運行、つまり世界の秩序が乱されているということです。つまりそれだけのことを引き起こす力が近親婚にはあるということでしょう。イザナキとイザナミの結婚は、国土を生み出し、自然を生み出します。それらは、普通の男女の間の交わりでは生まれ得ず、近親婚という特別な交わりの持つ特別な力だからこそもたらされるということです。そのような創造力は破壊に通じます。そのため秩序が出来上がった人の時代には、禁止されることになります。そう考えると、さまざまな神話で最初のほうに近親婚が語られる理由もわかるように思われます。

さて、兄妹とも解釈される日本神話の最初のカップルですが、イザナミが亡くなり、黄泉《よみ》の国まで連れ戻しに行ったイザナキが、「見るなの禁」を破ってしまい、死体となったイザナミを見て逃げ帰ってしまいます。第三章1でも紹介しましたが、このときイザナキはイザナミに追いかけられ、やっとの思いで黄泉の国を出てそこに千引の岩を置きました。そして二神は人間の生と死を定める会話を交わします。世界を生み出し、自然を生み出し、さまざまなものをこの世に生み出しましたが、その終わりはあまり良好なものではなかったようです。

しかし、日本書紀のほうを見てみると、少し違う印象を持つ話が伝えられています。姿を見ないで欲しいというイザナミの言葉を守らず、見てしまったイザナキは、別れを告げます。そして黄泉平坂《よもつひらさか》での争いのあと、イザナミはもう一緒に元の世界には戻らないといいます。このままだと後味の悪い終わり方です。そこでククリヒメという女神が、なにかを言い、その言葉をイザナキが褒め、帰って行ったと伝えられてます。ククリヒメが何を言ったのかは記されていません。ククリヒメの「くくり」とは、「締め括《くく》る」の「くくる」の意味とも言われます。二人の関係を円満に終わらせた女神とも解釈されています。最初に結ばれ、最初に別れるカップルの仲裁者といえるでしょう。

このククリヒメとイザナキ、イザナミを祀《まつ》るのが石川県の白山比咩《しらやまひめ》神社です。白山《はくさん》をご神体とする神社で、全国にある白山神社の総本社です。もともとは修験の山で白山寺といいましたが、明治期の神仏分離令を機に神社となり、ククリヒメが主祭神となりました。イザナキとイザナミという手強いカップルの最後を円満に終わらせたために、「縁切り」の御利益《ごりやく》を願われることも多いですが、「くくる」ということから「縁結び」の神でもあります。イザナキとイザナミは、その後も良い関係が続いたのかも、と思いたい気持ちが、白山神社の御利益にも結びついているのではないでしょうか。

白山比咩神社奥宮　© さまゆう /PIXTA

2　乱暴者を英雄にする運命の恋　スサノオとクシナダヒメ

恋をすると人は変わるということをよく言いますが、神の場合も同じなのでしょうか。ヤマタノオロチ退治で英雄として名を馳《は》せるスサノオですが、それまでは神々の世界の困りものでした。古事記では、イザナキが禊《みそぎ》をしたときに鼻から誕生したスサノオ。このときに左目からはアマテラス、右目からはツクヨミが誕生しています。イザナキは、アマテラスには天を、ツクヨミには夜の国を、そしてスサノオには海原を治めるよう命じました。アマテラスもツクヨミも、父に言われた通り、治めるべき場所へと赴きますが、スサノオだけは従わず、ヒゲが胸のところまで伸びるほど成長しても、わんわん泣いてばかりいます。あまりに泣くので、山の木々も枯れ、海や川の水まで涙になって干上がってしまうほど。悪い神々も騒ぎ出し、災いも起こります。大変な困り者です。そこでイザナキが理由を尋ねると、「母のいる根の堅州国《かたすくに》に行きたくて泣いているのだ」といいます。スサノオは、イザナキの鼻から生まれたのですから、母親はいません。しかし、イザナキの妻であり、亡くなって黄泉の国の神となったイザナミを母と思っているのでしょう。そんなスサノオをイザナキは突き放し、追い出してしまいます。

するとスサノオは母のいるという「根の堅州国」に向かうのではなく、高天原《たかまのはら》にいるアマテラスのもとへ向かいます。スサノオはアマテラスに事の次第を伝えたかっただけなのですが、天へと昇ってくるときに、山や川、国土が揺れたので、アマテラスは何事かと思い、高天原を奪いに来たのかと勘違いをしていました。その後の高天の原での話は、第四章1のアマテラスのところで紹介したとおりです。スサノオは、母を求め、そしておそらく母の代わりを姉に求めたのでしょう。しかしそれもうまくいきません。ついにアマテラスが天の岩屋に閉じこもるという事態を引き起こし、スサノオは高天原を追い出されてしまいました。つぎに向かったオオゲツヒメのもとでは、食事を用意してもてなそうとした女神を斬り殺してしまいます。

ここまでは明らかにスサノオは他の神々を困らせる厄介者です。死をもたらす暴力的な様子は、厄介者や乱暴者という言葉では足りないかもしれません。しかし、彼は母や姉といった存在を求めながら、拒絶されてきたという面もあります。肉親（イザナミは違いますが）の女性を求めるのは、スサノオが精神的に十分に成長していないからという解釈もできるでしょう。アダルトチルドレンという分析も可能でしょう。

そのようなスサノオが出雲《いずも》にやってきて、ヤマタノオロチを退治して人々の助けになる、という英雄的な行動をとります。そのきっかけはクシナダヒメという少女との出会いでした。年老いた父母とともに泣いていたクシナダヒメをみて、スサノオは一目ぼれをしたようです。ヤマタノオロチの恐ろしい姿を伝えられても、ひるむことなく「クシナダヒメを自分に差し出すのであれば退治をしよう」と請け負います。

そして見事ヤマタノオロチを倒すことになりますが、その戦いの際には、クシナダヒメを櫛《くし》の姿に変え、自分の髪に挿しています。そばに置いて愛する人を守ろうという気持ちが表れているようです。見事ヤマタノオロチを倒し、クシナダヒメを救ったスサノオは、出雲の地に新居を建て、新婚生活を送ることにします。その土地は須賀。そこですがすがしい気持ちになったからだとか。新婚の幸せな気分で歌った次の歌が、日本最初の和歌とされています。

八雲立つ　出雲八重垣　妻籠みに　八重垣つくる　その八重垣を

須我神社、手前右の石碑に八重垣姫の歌が刻まれている
© 安ちゃん /PIXTA

雲がもくもくと現れ出る出雲。そんなもくもく雲のような垣根を巡らせて妻を閉じ込めてしまおう、という意味です。二人きりで過ごしたいという新婚気分がよく表れた歌ということができるでしょう。

スサノオは、母を求め、姉に拒絶され、有り余る力が暴力になってしまう厄介者でした。そのスサノオを変えたのは、初めて会う少女クシナダヒメでした。クシナダヒメとの恋が日本神話を代表する英雄を生み出したのです。

二人の新居の地と伝えられる須賀の地に建つのが須我神社。スサノオとクシナダヒメの新居となる宮が作られ、それが神社になったということで、「日本初之宮《にほんはつのみや》」といわれています。そしてここで最初の和歌が生まれたと伝えられるので「和歌発祥の社」とも呼ばれます。本社と森の中に奥宮があり、奥宮にある大きな岩にスサノオとクシナダヒメ、そしてその御子神が宿るとされます。もちろん、多くの方がスサノオとクシナダヒメのハッピーエンドにあやかりたいと、縁結びを願っています。

須賀の後、佐草という土地に移ったという伝承もあり、その佐草の地にも社があります。現在は八重垣神社と呼ばれる神社です。古くから縁結びの御利益で知られていました。『怪談』で知られる小泉八雲《やくも》（ラフカディオ・ハーン）は、明治期に来日し、出雲に暮らした日々を『知られぬ日本の面影』（*Glimpses of Unfamiliar Japan*）というエッセイに残しています。そのなかで、ヤマタノオロチの神話に思いを馳せながら八重垣神社を訪れ、絵馬に記された人々の縁結びの願いを紹介しています。八重垣神社の本殿の後方には佐草の森があり、そのなかに鏡池という池があります。この池では、コインを占いの紙に乗せ、池に沈む時間が短いか、長いか、近くで沈むか、遠くで沈むかで、縁を占うことができます。今もスサノオのように運命の恋に巡り合うこと願って多くの人がコインに思いを乗せています。

3　モテすぎて困る　オオナムチ（オオクニヌシ）

縁結びを願うなら、どんな神がいいでしょう。最初に結婚をした神？　愛する人を守った神？　さまざまなタイプの縁結びの神がいますが、縁結びの代表とされる神の恋愛の話には、ちょっと縁結びを願うのをためらうようなところもあります。

スサノオとクシナダヒメの子孫にオオナムチという神がいました。のちのオオクニヌシのことです。このオオナムチは、恋多き神、というよりも女性のほうが放っておかない美男の神です。

オオナムチの神話としてもっともよく知られているのは因幡《いなば》の素兎《しろうさぎ》の話でしょう。この話によると、オオナムチには八十《やそ》神《がみ》と呼ばれるたくさんの兄弟神がおり、彼らが因幡のヤガミヒメに求婚に行く際には、荷物持ちとしてついていきました。末っ子だったのでしょうか、ほかの兄弟たちよりも下に見られていました。このときワニ（サメのことといわれます）をだましたために皮を剝がされたウサギに出会いました。このウサギは先に通りかかったオオナムチの兄弟たちに間違った治療法を教えられて、さらにひどいケガを負っていました。オオナムチはウサギに、体を真水で洗って、ガマの花粉を体につけるように教えます。教えたとおりにしたウサギは、元通りふさふさの毛に生まれ変わりました。するとこのウサギは、生まれ変わって、予言の能力も身に着けたようで、オオナムチに対し、「あなたは今は荷物持ちをさせられていますが、ヤガミヒメはきっとあなたと結婚しますよ」と教えます。ヤガミヒメのもとに行くと、ウサギの言う通り、オオナムチと結婚したいと宣言しました。ヤガミヒメがなぜ兄弟たちではなく、出会ったばかりのオオナムチを選んだのかはわかりません。ウサギを治すような優しさや知恵を感じ取ったのかもしれませんし、美男子だったのかもしれません。

しかし、こうしてヤガミヒメにモテてしまったことが、オオナムチに災難をもたらします。兄弟たちは、オオナムチを恨み、殺そうとするのです。いや、殺してしまうのです。一度目は、山のふもとで、オオナムチにイノシシを捕まえるように命じ、待ち構える彼のもとに大きな焼いた岩を投げ落とします。全身で受け止めたオオナムチは、大やけどで亡くなってしまいました。

オオナムチの母は、造化三神のカムムスヒに頼み、キサガイヒメとウムギヒメという貝の女神を派遣してもらいました。キサガイとは赤貝のこととされ、またウムギとはハマグリのこととされます。キサガイヒメは貝の殻の内側をこそげ落とし、それをウムギヒメがハマグリの汁で溶き、母の母乳のようなものにしてオオナムチの体に塗ります。するとオオナムチは、以前よりもさらに美男になってよみがえりました。このときオオナムチに対して「麗しき壮夫《おとこ》」という言葉が使われます。「麗《うるわ》しい」という言葉が古事記で使われるのはこの場面が最初です。

さらに麗しくなったオオナムチの受難は続きます。生き返ったオオナムチをもう一度殺そうと兄弟たちは木を縦に切り裂き、その間にオオナムチを立たせ、その木で挟み殺してしまいます。今度はオオナムチの母が自らの手で生き返らせました。このときまたオオナムチは麗しくなったと考えられます。母は、このままでは本当に殺されてしまうと思い、オオナムチを先祖でもあるスサノオのもとへ送ることにします。

かつて出雲にいたはずのスサノオは、このときには根の国で娘のスセリビメと暮らしていました。やってきたオオナムチを出迎えたのがこのスセリビメです。二神は一目で心を通わせ、結ばれてしまいました。そのあとでスセリビメは父のスサノオに「とても麗しい神がきました」と報告します。その娘の様子に何かを感じたのでしょう。スサノオはオオナムチをみると、「これは、アシハラシコオだ」といいます。葦原中国《あしはらのなかつくに》の未熟者、といった意味でしょう。そういうとスサノオは、オオナムチを蛇がうようよいる部屋や、ムカデと蜂がたくさんいる部屋に案内するといったいじめをはじめます。しかし、そのいじめもスセリビメが貸してくれる蛇のヒレ（ストールのようなもの）やムカデと蜂のヒレを使ってなんなく過ごすことができました。次にスサノオは、鳴り鏑《かぶら》という音のする矢を野原に放ち、それを探してくるようにオオナムチに命じると、その野原に火を放ちました。オオナムチはネズミの助けで、ほら穴に身を潜めて火をやり過ごすことができました。スサノオとスセリビメはというと、さすがに死んだであろうと思い、葬儀の準備をはじめています。そこに矢を携えたオオナムチがやってきたのだから驚きです。スサノオは、ようやく心を許したのか、家に招き入れ、頭のシラミを取るように命じます。実はシラミというのはムカデでした。それもスセリビメの助けを借りて、オオナムチは取るふりをします。するとスサノオはすっかり安心して寝入ってしまいました。

そのすきにオオナムチは、スサノオの髪の毛を屋根の柱に結び付け、すぐには動けないようにし、スセリビメを背負い、さらにスサノオの太刀、弓矢、琴を持って逃げだします。ところが、その琴が木にぶつかって音が鳴ってしまい、スサノオは目を覚ましました。髪の毛を結び付けられていたため、立ち上がると家ごと倒れます。しかし、そうこうしている間に、オオナムチたちは葦原中国へ。

最後、スサノオはオオナムチに、「お前が持っていく太刀と弓矢で兄弟たちを追い払い、お前はオオクニヌシとなり、スセリビメを正妻として立派な宮殿に住むのだぞ」といい送りました。

こうしてオオナムチは、大国主、すなわち国の王となり、神々の中ではじめて正式な妻を持つ神となりました。スサノオはオオナムチとスセリビメの恋路を大いに妨害していましたが、最後は応援し、後押しをする側になったということです。

さて、オオナムチはすでにヤガミヒメと結婚することになっていました。二神は、予定通り結ばれましたが、ヤガミヒメはスセリビメに遠慮し、子供を置いて去っていきます。

オオナムチにはスセリビメ、ヤガミヒメ以外にも女神との恋の話が伝わっています。越《こし》の国のヌナカワヒメに求婚に行ったときには、すぐには承諾をしてもらえず、一晩待ちぼうけを食らって、翌晩に結ばれたといいます。ほかにもたくさんの女神と浮名を流したようで、根の国からやってきて正妻となったスセリビメは、嫉妬に苦しみます。今日もまたおしゃれをして馬に乗って出かけようとするオオナムチ。スセリビメは当然面白くありません。機嫌を損ねている妻に、オオナムチは機嫌を直すよう歌いかけます。それに対しスセリビメは、「あなたは男性だから行く先々に待つ女性がいるけれど、女性の私にはあなたしかいないのに」と歌で答えます。そんなスセリビメを愛《いと》おしく思ったのでしょう。オオナムチはスセリビメとお酒を酌み交わし、首に手をかけあって今に至るまで仲良くしていると伝えられます。

オオナムチは多くの女神たちに好かれ、嫉妬も受ける、モテすぎて困る神です。たしかに美形で麗しい神ということなので納得できますが、どうもオオナムチの魅力はそれだけではなさそうです。ウサギを救う知恵とやさしさがあり、さらに女神たちに助けられ、さらにはネズミにも助けられます。人であれば人間的な魅力のある人ということになるでしょう。救う神であるとともに放っておけないという気にさせる神だからこそ、困るほどモテるのではないでしょうか。

オオナムチ、すなわちオオクニヌシは、各地の女神たちと結ばれることでその土地を治めていったのだともいわれます。国の王となるため、その土地そのものを表すような女神たちとの結婚が必要だったということでしょう。たしかにそのように解釈することもできますが、妻の嫉妬の物語も描かれている点は、この神への親しみを感じさせるように思います。

人々はそんなオオクニヌシに縁結びを願ってきました。代表的な神社が島根県の出雲大社です。出雲大社では、毎年十一月（旧暦では十月）に神在祭《かみありまつり》というお祭《まつ》りが行われています。十月の和名は神無月《かんなづき》といいます。神のいない月ということですが、これは全国の神々が出雲大社に集まるため。神々は、神議《かむはか》りという縁結び会議に出席し、人々の縁を結んでくれるとされています。ですから、十月は神の集まる出雲では神在月《かみありづき》というそうです。

この神議りを主催するのがオオクニヌシ。日本神話界きってのモテ男というと、少し不安になりますが、それだけ多くの縁に恵まれている神ですから、われわれ人間は少しそのご縁を分けてもらえるくらいがちょうどいいのかもしれませんね。

4　美女過ぎて心配？　ホノニニギとコノハナノサクヤヒメ

相手があまりに美しいと、ときに自分に自信が持てず、不安になって気持ちを疑い、言ってはいけないようなことを言ってしまうこともありそうです。

古事記の中で「麗しい」という言葉が最初に使われたのはオオナムチ（オオクニヌシ）でした。次に使われたのがコノハナノサクヤヒメ。また、「美人」という語が使われるのもコノハナノサクヤヒメが最初。桜の花のような美女です。そんなコノハナノサクヤヒメに一目惚《ひとめぼ》れをしたのが、アマテラスの孫で高天原から葦原中国に下ってきたばかりのホノニニギでした。ホノニニギはすぐにコノハナノサクヤヒメに求婚。父であるオオヤマツミも喜んで女神を差し上げました。第三章2でも紹介しましたが、オオヤマツミは姉のイワナガヒメまで差し出します。しかし、あまりに醜かったためにホノニニギは返してしまいました。それによってホノニニギ以降、神の子孫であるにもかかわら

ホノニニギとコノハナノサクヤヒメ

ず、天皇の命は短くなってしまいます。短くとも栄えるという命は、コノハナノサクヤヒメが象徴する桜の花のようであることを意味します。まさにホノニニギの恋は命と引き替えになってしまったわけです。

そうして結ばれたホノニニギとコノハナノサクヤヒメ。一夜の関係でコノハナノサクヤヒメは妊娠をしました。女神がホノニニギに対し、天孫の子が生まれることを告げると、ホノニニギはなんと、「一夜しか関係していないのに子ができるのはおかしい。私の子ではないのではないか。他の神の子ではないか」という決して言ってはならない一言を放ってしまいます。コノハナノサクヤヒメは、おそらく怒ったのでしょう。「お腹にいる子が、ほかの神の子であるなら、無事には生まれてこないでしょう。ホノニニギの子であるなら、無事に生まれてくるでしょう」と言うと、出産をするための場所を、戸のないようにして作り、土でふさいで簡単には出られないようにし、そこに火を放って出産をはじめました。そうして三柱の神が無事に炎のなかで誕生し、コノハナノサクヤヒメは、潔白を命がけで証明したのです。

それにしてもホノニニギはなぜあんなひどいことを言ってしまったのでしょう。古事記はその理由を語っていませんが、日本書紀の一書には、「自分の子だとわかっていたけど、一夜で子ができたことを知ってほかの神が疑うのではないかと思い、あえてあのように言ったのだ」と言い訳のようなことを口にしています。ホノニニギは、古事記でも日本書紀でも生まれてからそれほど経っていないように描かれています。神々の時間の流れを推し量ることはできませんが、あえて人間のように考えてみると、まだ幼さの残る少年あるいは青年で、コノハナノサクヤヒメは初恋の人だったかもしれません。あまりに美しい女神に心を奪われ、イワナガヒメなど目もくれなかったのでしょう。コノハナノサクヤヒメの美しさは、ひょっとしたら若い男性には引け目を感じさせるものだったのかも。自信のなさが疑いを向ける言葉になってしまった。あえてホノニニギに味方をすれば、そんなふうにいえるでしょう。

さて、宮崎県西都市《さいと》は、ホノニニギとコノハナノサクヤヒメの神話の舞台と伝えられています。逢初川《あいそめがわ》というロマンティックな名前の川で水くみをしていた女神を、ホノニニギが見初めたと伝えられています。そのそばには「八尋殿《やひろどの》」と記された碑が建ち、ニニ神の新居があったとか。命がけの出産をしたという場所には「無戸室《むとむろ》跡」と記されています。さらには生まれた子の産湯にしたという児湯の池もあります。

神社ではコノハナノサクヤヒメを祭神とする都萬《つま》神社があります。七月七日の七夕の日には、女神の婚礼を再現する神事が行われ、女神のご神体に化粧をほどこし、その衣を白く真新しいものに替えます。更衣祭と名付けられた珍しいお祭りです。

不貞を疑われたコノハナノサクヤヒメ、疑ってしまったホノニニギ。三柱の子に恵まれ、疑いは晴れましたが、その後、このカップルがどうなったか、神話は語っていません。西都市には、男狭穂塚《おさほづか》と女狭穂塚《めさほづか》という二つ並んだ大きな古墳があります。被葬者については複数の説があるようですが、ホノニニギとコノハナノサクヤヒメの陵墓という伝承もあり、宮内庁の陵墓参考地となっています。土地の人々は、二つ並んだ古墳をみて、ホノニニギとコノハナノサクヤヒメは、きっとその後は仲良く暮らしたのだろうと思っていたのでしょう。そうであって欲しいと思いますが、なかなか難しそうだなぁというのが正直なところです。

5　好きになったのは別の世界の神　トヨタマビメ

美しい女神の代名詞ともいえるコノハナノサクヤヒメ。その女神が命がけで生んだ三柱の男神は、ホデリ、ホスセリ、ホオリといいます。そのホオリはどうやら母神の美しさを引き継いだようで、海の世界の女神トヨタマビメが一目で恋に落ちてしまうほどでした。

この三兄弟のうち、ホデリは海で獲物をとって暮らすので海幸彦《うみさちひこ》、ホオリは山で獲物を獲っていたので山幸彦《やまさちひこ》と呼ばれます。ここからはよく知られた海幸彦と山幸彦という名で呼びましょう。あるとき山幸彦は海幸彦に、互いの道具を交換しようと持ち掛けます。たまには海で釣りもしたかったのでしょう。はじめはいやがった海幸彦ですが、しぶしぶ交換に応じました。ところが、その借りた釣り針を山幸彦は海でなくしてしまいます。いくら探しても見つかりません。剣をたくさんの釣り針に作り替えて渡しますが、それでも海幸彦は許してくれませんでした。おそらく海幸彦の釣り針は、神の釣り針ですから、海幸彦の神の力の宿った特別なものだったのでしょう。

海辺で途方に暮れる山幸彦のもとにシオツチという神が現れ、海の神・ワタツミの宮への行き方を教え、そこに行けばワタツミの娘が相談に乗ってくれるだろうといいます。

いわれた通りに海神《わたつみ》の宮の井戸のそばにある桂《かつら》の木の上に座っていると、海神の娘、トヨタマビメの侍女が水を汲《く》みにやってきました。水が欲しいと言って、水の入った器を受け取ると、山幸彦は水を飲まずに、首にかけていた玉飾りを口に入れて、その器に吐き出します。不思議なことにその玉は器にくっついて離れません。侍女はトヨタマビメに玉がついたままの器を持っていきました。だれか外にいるのかと尋ねたトヨタマビメに、侍女は、大変「麗しい」神がいますといい、外での出来事を報告しました。トヨタマビメが外に出てみると、そこには山幸彦が。たちまち恋に落ち、二人は結ばれます。そのあと、父である海の神に「麗しい人がやってきました」と伝えると、外に出た海の神は、「この方は天の神の御子だぞ」といい、丁重にもてなしました。そうして山幸彦とトヨタマビメは夫婦となり、三年が経ちます。

ある日山幸彦は、海の中へとやってきたのは、釣り針を探しに来たからだったと思い出し、大きなため息をつきます。トヨタマビメは愛する夫がはじめてついたため息にショックを受け、父に相談をします。海の神が山幸彦にため息の理由を尋ねると、彼は海の中へとやってきたいきさつを語りました。海の神はすぐに魚たちを集め、釣り針を知らないかと問います。すると魚たちが、「最近鯛《たい》がのどになにかが引っかかって食事ができないといっています」といいます。その鯛を調べると、たしかにのどに釣り針が。海の神は、その釣り針にまじないをかけ、山幸彦に渡します。さらには潮の満ち引きを操ることのできる玉も与えてくれました。山幸彦は、その釣り針と玉を持ち、地上へ戻ると、それらを使って釣り針のことで対立していた兄の海幸彦を懲らしめ、山幸彦に仕えることを誓わせます。

さて愛する夫を送り出したトヨタマビメはどうしたでしょう。実は彼女は山幸彦の子を身ごもっていました。天の神の子を海の中で生むわけにはいかないと、地上にやってきます。そして出産の場所を作り始め、鵜《う》の羽で屋根を葺《ふ》いているときに、産気づいてしまいます。まだ出来上がらないうちでしたが、そこで子を産むことになりました。このときトヨタマビメは山幸彦に一つのお願いをします。

「別の世界のものは、出産をするときには本来の姿になって出産をします。わたしはもう出産のときを迎えます。本来の姿になって子を産みますので、お願いですから私の姿を見ないでください」というものです。見るなと言われれば気になるもの。山幸彦はのぞき見してしまいます。なんとそこには大きな大きな「ワニ」がのたうちまわって出産しています。山幸彦は驚いておもわず逃げ出しました。見られたことを知ったトヨタマビメは、「本来の姿を見られては、もう夫婦ではいられません。海の世界と行き来をして子育てをしようと思っていたのに」と生まれたばかりの子をおき、海の世界へと戻っていくと、地上と海との間の通り道もふさいでしまいました。

こうして海の神の娘トヨタマビメと天の神の子山幸彦は別れることになります。トヨタマビメの恋は、悲しい結末に終わります。もともとトヨタマビメと山幸彦は別の世界の存在。海の神の宮殿にやってきた山幸彦を見たとき、トヨタマビメはその麗しい姿に、違う世界の神なのだと気づいたでしょう。トヨタマビメは、本来の姿を見せることなく夫婦として過ごします。しかし、出産はそうはいきません。本来の姿にならなければいけないのです。だからこそ、トヨタマビメは山幸彦に「見ないでください」といいます。このような禁止を「見るなの禁」と呼びます。イザナミも黄泉の国で夫のイザナキに「見るなの禁」を課しました。このときも、夫のほうが見てしまい、妻と別れなければならなくなります。同じような「見るなの禁」の話は、昔話にもありますね。「鶴女

トヨタマビメ

房」が有名ですが、ほかにも「蛤《はまぐり》女房」や「蛙《かえる》女房」もあります。これらの話はいずれも人間と動物との結婚です。このように異なった世界、種類のもの同士の結婚を異類婚といいます。イザナミとイザナキも、イザナミが亡くなってしまいましたので、黄泉国と葦原中国、つまり死者の国の存在と生者の国の存在という関係になっていました。トヨタマビメは、海の世界の住人で本当の姿は「ワニ」です。ここでいうワニとは、いわゆる我々が思い浮かべるワニではなく、サメのこととされます（想像上の動物という説もあります）。トヨタマビメは、異類である天の神に恋をしました。異類であることを知られない間は夫婦でいられます。だから「見るなの禁」を課すのでしょう。しかし、やはり異類の恋は成就しないということでしょうか。「見るなの禁」は、ほかの昔話などと同様に破られてしまうことになります。

宮崎県日南《にちなん》市に鵜戸《うど》神宮という海に向かって参道を下って行ってお参りをする神社があります。この鵜戸神宮の本殿はトヨタマビメが出産をした場所と伝えられる洞窟の中にあります。祭神は、トヨタマビメと山幸彦の間に生まれたウガヤフキアエズですが、出産の地ということもあり、安産を願う参拝者が多いようです。その本殿の裏手には、

鵜戸神宮　鵜戸千畳敷奇岩　©kattyan/PIXTA

洞窟の天井から水を滴らせる「お乳岩」があります。トヨタマビメが置いていく御子のために、お乳をくっつけていったのだとか。悲しい伝承のように思われます。

ホノニニギの天孫降臨から山幸彦とトヨタマビメの神話、そして彼らの子であるウガヤフキアエズ、その子で初代の天皇となるカムヤマトイワレビコの誕生の物語は、日向を舞台にしているため、日向《ひゆうが》神話といいます。ゆかりの地やこれらの神々を祀る神社も宮崎県に多くみられます。しかし、面白いことに、玄界灘《げんかいなだ》に位置する長崎県の対馬《つしま》にもワタツミの宮の伝承地、トヨタマビメゆかりの地があります。その一つが和多都美《わたづみ》神社です。和多都美神社は、海の神が造営したワタツミの宮の地にあると伝えられ、娘のトヨタマビメが夫の山幸彦と暮らした地とされています。本殿の裏側には、トヨタマビメのお墓と伝えらえる墳墓もあります。神社は海辺にあり、鳥居のうち二つは海中に立っています。現在は、残念ながら二〇二〇年の台風で一の鳥居が倒壊してしまっていますが、それでも、海の中から鳥居を通って何かが現れ出そうな感じのするところです。海はつながっていますから、日向神話といっても、ワタツミの宮は日向とは限りません。対馬の地に伝えられていても不思議なことではないでしょう。鵜戸神宮とはまた違った景観の中で神話を感じることができます。

6　姿を変えても会いに行きたかった　オオモノヌシ

トヨタマビメは、別の世界の神である山幸彦と一緒にいるため、本当の姿を隠し、見ることを禁じました。好きな人に好かれたくて、嫌われたくなくて、素顔を化粧で隠したりして着飾ったり、いい人ぶったりするなんていうことはよくある話です。そう考えると、トヨタマビメの気持ちにも共感できるように思います。そして、それは女性に限ったことではないでしょう。オオモノヌシという神は、女性のもとに通うため、自らの姿を変えていたようです。

日本書紀が伝える崇神《すじん》天皇の代のときの話です。孝霊《こうれい》天皇の皇女でヤマトトトビモモソヒメがいました。奈良の三輪山《みわやま》の神であるオオモノヌシが彼女を妻とします。しかしオオモノヌシは昼には姿を現さず、夜だけやってきます。ヤマトトトビモモソヒメは、「あなたはいつも昼にいらっしゃらないので、そのお顔をみることができません。お願いですから、明るくなるまでとどまってください。朝、あなたの美しいお姿をみたいのです」といいます。オオモノヌシは、たしかにそれはもっともだといい、「明日の朝、あなたが櫛を入れている小箱の中に入っていましょう。だからわたしの姿を見てもおどろかないように」といいます。これはかなり不思議な要求です。ヤマトトトビモモソヒメも、どういうことかと思いますが、夫の姿を見る待ちに待った機会です。おそらくドキドキしたことでしょう。朝を待って櫛入の箱を開けてみると、なんとそこには衣のひもの長さほどの美しい蛇がいました。さすがに驚いたヒメは、思わず叫び声をあげてしまいます。すると、オオモノヌシはたちまち人の姿になって言いました。「あなたはこらえきれずに叫んで、わたしに恥ずかしい思いをさせました。今度はあなたが恥ずかしい思いをする番だ」といって、空を飛び、三輪山へと帰って行ってしまいました。

その様子をみて後悔したヤマトトトビモモソヒメは、思わず尻もちをつき、ちょうどそこにあった箸で陰部をついて亡くなってしまいました。彼女が葬られたお墓は、この亡くなり方から箸墓《はしはか》といいます。いま、奈良県桜井市にある箸墓古墳のことだと伝えられています。とても大きな前方後円墳で、三世紀半ばころのものではないかとされる古い墓です。その古さや巨大さ、そして女性の墓と伝えられてきたことなどから、邪馬台《やまたい》国《こく》の女王卑弥呼《ひみこ》の墓ではないかという説もあります。古代の人々も、いったいどのようにしてこんなに巨大な墓を作ったのだろうと思ったのでしょう。日本書紀では、昼は人間が作り、夜は神が作ったと伝えています。このお墓づくりに協力した神が誰なのかはわかりません。箸墓の近くには三輪山があることを考えると、ひょっとしたらオオモノヌシが妻であるヤマトトトビモモソヒメのお墓づくりを手伝ったのではないか、そんなふうにも思えます。

オオモノヌシは、本来の姿は蛇体なのでしょう。ヤマトトトビモモソヒメのもとへ通

大神神社の大鳥居と三輪山　©akiko/PIXTA

うため、人間の姿に変身をしていたと考えられます。トヨタマビメの話と同じように異類婚の話です。「見るなの禁」ではなく、「驚くなの禁」ともいうべき禁止が課されますが、やはりそれは破られます。異類婚は破綻するという法則のようなものがあるのかもしれません。

オオモノヌシは三輪山に宿るため、大神《おおみわ》神社では本殿を持たずに拝殿から直接山を拝む形を取ります。かつて建物を持たず、神の宿る木や山や岩などを祀っていた、そうした古代の信仰の姿を現在に伝えている神社です。境内には巳《み》の神杉《かみすぎ》という大きな杉の木があり、大神神社によると、オオモノヌシの化身である白蛇が住むとか。参拝される方は、蛇の好物とされる卵やお酒をお供えしています。もし、白蛇に出会っても、驚かないようにしないといけませんね。

第七章　人間にはない能力を持っている

神ですから、人間にはないような能力をもっていても当然といえるでしょう。しかし、なかでもとりわけ「異能」といっていいような、特別な力を発揮する神も登場します。そのような神は、姿も一風変わっているようです。露出過剰じゃないかというような姿で「開く」力を発揮する女神もいれば、長い鼻を持ち、巨大な目立つ容姿で「道案内」をする神も。さらには、向き合う相手と寸分たがわぬ姿で現れ、「一言」放つという神もいます。その異能と不思議な姿にはなにか関係があるのでしょうか。そんな謎を考えながら見ていきましょう。

1　神々のピンチに一肌脱いだ　アメノウズメ

日本の神話にはさまざまなタイプの女神が登場します。イザナミのようにたくさんのものをこの世に生み出すとともに死を定める女神、アマテラスのような孤高の最高神、美しさではかない命を象徴するコノハナノサクヤヒメ、海という異界の存在でありながら天の神に恋したトヨタマビメ。なかでもアメノウズメは驚くようなパフォーマンスで神々の危機を救うという点で印象的です。

太陽神であるアマテラスが天の岩屋に籠ってしまったとき、天も地上も真っ暗闇が続き、悪い神々も騒ぎ出しました。このとき、神々が事態を打開するための策を練ります。まず、常世《とこよ》の長鳴鶏《ながなきどり》を集めて鳴かせます。そして神々は手分けして、鏡を作り、勾玉《まがたま》の玉飾りを作り、鹿の骨を使って占いをし、榊《さかき》の木に鏡や玉飾りを取り付け、布で飾りました。祝詞《のりと》を奏上し、力持ちのアメノタヂカラオが岩屋の戸のそばに隠れ、これで神々の準備は完了です。そこにアメノウズメが登場します。高天原《たかまのはら》にある山の蔓《つる》で襷《たすき》がけにし、つる草を髪飾りにし、笹の葉を束ねて持ち、桶《おけ》をひっくりかえして置き、その上を足でどんどんと踏み鳴らします。ドラムのような音を自分で作り出し、神がかりをしだしました。胸をあらわにし、衣のひもを陰部から垂らしながら歌い舞う様子に、神々は大笑い。その笑い声が気になってアマテラスが声をかけたところから、事態は急展開。女神が外へと出てくることとなり、光が戻りました（第四章1参照）。

天の岩屋の神話では、さまざまな神々が役割分担をして、アマテラスを引き出そうと工夫をしますが、一番の功労者はなんといってもアメノウズメでしょう。この場面では、アメノウズメが歌ったり舞ったりしたということも重要ですが、それによって笑いが起こったということがアマテラスの気を引くポイントでした。笑いは筋肉の緊張をほぐし、リラックス効果もあり、さらには免疫力も上げるといった効果があるといわれています。そういったことを医学的な知識がなくとも、経験的に人は知っていたのでしょう。笑いには邪気を払う力があるとされ、いまも各地に「笑い祭り」が伝わっています。和歌山県の丹生《にう》神社の祭礼である丹生祭は、別名笑い祭といい、祭神である女神が落ち込んでいたのを慰めるため、お白粉《しろい》を塗った翁が「笑え笑え」といって街を練り歩き、人々の笑いを誘います。

それにしても神々を笑わせるためとはいえ、なぜ胸をあらわにし、陰部まで露出するのでしょうか。ちょっと露出過剰のようにも思われます。これは、女性の陰部にも邪気を払う効果があると思われていたのだともいわれます。宮崎県新富町の百足塚《むかでづか》古墳から女性の姿の埴輪《はにわ》が発見されています。その埴輪は、まるでアメノウズメのようにタスキをかけており、そしてちょうどスカートを自分でめくっているように衣服をめくり、陰部を見せるようなしぐさをしています。もちろんこの埴輪がアメノウズメを表現しているというわけではないでしょうが、陰部を見せるということに特別に呪術的な意味があることを感じさせます。

アメノウズメのような女性は、遠く離れたギリシャの神話にも登場します。大地の恵みを司る神としてデメテルという女神がいます。あるとき女神の娘のペルセポネが、冥界の王ハデスに誘拐されるという事件が起こりました。デメテルは、神々の世界から身を隠し、各地を放浪して探し回ります。エレウシスというところで、バウボーという女性とその夫に迎え入れられました。バウボーはスープでもてなそうとしますが、女神は手を付けません。そこでバウボーが衣服をめくって下半身を露出させると、女神は笑ってスープを飲んだといいます。似たような話は、イアンベという下女の話としても伝えられており、下品な冗談を言って女神を笑わせたといいます。このときデメテルは愛娘《まなむすめ》がいなくなったことで落ち込み、神としての役割も果たせない状況でした。まさに天の岩屋に籠ったアマテラスのようだったのです。そこで登場するバウボーやイアンベという女性は、体を開いたり、いわば「下ネタ」を言ったりして笑わせ、女神の機嫌を直すことに一役買いました。体を「開く」ことが心を「開く」ことになり、天の岩屋の戸も「開く」ことになったということができるでしょう。

アメノウズメが「開く」ことに一役買う神話はほかにもあります。アマテラスの孫のホノニニギが地上に下ってくる、天孫降臨の神話です。アマテラスがホノニニギを地上の葦原中国《あしはらのなかつくに》へと降そうとしたそのとき、天の分かれ道に立ち天と地を照らしている異様

百足塚古墳出土女性埴輪・新富町教育委員会提供

な姿の神がいます。アマテラスはそのときアメノウズメに対し、「あなたはか弱い女性だけれども、どんな相手であっても面と向かって勝つ神です。あそこに行って、何者なのか、何をしているのか聞いてきなさい」といいました。アメノウズメは言われた通りに、その神のところへ行き、尋ねてみると、サルタヒコという神で、天の神の御子が天下りするというので、先頭になってお仕えしようと思ってきたのだといいます。日本書紀によると、このときアメノウズメは道をふさぐように立ちはだかる神に対し、天の岩屋のお祭りのときのように、胸をあらわにし、衣のひもをへその下から垂らして大笑いしながら向かっていったといいます。得体のしれない神に向かって、ほとんど裸で笑うというのは、なかなかできない奇襲です。サルタヒコも驚いたことでしょう。すぐに名を名乗り、迎えに来たのだといいました。

ホノニニギが無事に葦原中国に下ったあともアメノウズメの活躍は続きます。サルタヒコを伊勢《いせ》まで送っていって、戻ってきたアメノウズメは、海の魚たちを集め、天の神の御子に仕えるかと問います。その中にナマコがいました。魚たちがみな「お仕えします」というのにナマコはなにもいいません。アメノウズメは「この口は返事をしない口

アメノウズメとサルタヒコ

か」といって、小刀で口を割いてしまいました。それで今もナマコの口は割けているのだそうです。調理される前のナマコの体をあまりよく見たことはないのですが、芋虫のような形の片方の端が口でもう片方は肛門《こうもん》だそうです。口のなかには触手があり、それで食べ物を取って口の中に入れるのだとか。ナマコのそんな姿はアメノウズメが「開いた」ことによるものなんですね。

2 道案内は目立つほうがいい? サルタヒコ

アメノウズメが正体を明らかにした謎の神、サルタヒコ。その風貌は日本の神々の中でもとりわけ異様なものです。古事記では高天原と葦原中国の両方を照らした神と記されます。おそらく大きな神なのでしょうが、どのようにして照らしたのかはわかりません。日本書紀をみてみると、もう少し詳しく描かれます。アマテラスはどうやら先に物見の者を出していたようで、その者が次のように報告をしています。

「一人の神が天の八衢《やちまた》という分かれ道にいます。その鼻の長さは七咫《あた》、座高は七尺ほどだったので、おそらく背の高さは七尋《ひろ》ほどでしょう。さらに口と尻が赤くピカピカと光っていて、目も鏡のように光り輝いていて、真っ赤なほうずきのようです」

なんとも不思議な描写です。鼻の長さ「七咫」とありますが、咫とは、親指と中指を広げたほどで、一咫は約十八センチ。文字通りなら一二六センチもの長さの鼻です。一尺は、約三〇センチほどですから、七尺の座高は二メートル以上。それから出される七尋という身長ですが、一尋は約一・八メートルになるので、一二メートル以上の身長です。一二メートルの身長、一二〇センチ以上の鼻と、そのまま受け止める必要はないでしょうが、しかし、数字から想像してみると、とにかく巨大であることが強調されています。驚いた神々の姿が思い浮かぶようです。また、ただ巨大だというだけでなく、赤く輝く口や尻、鏡のような眼は、まさに異形の神です。

この奇妙な姿は後世、天狗《てんぐ》のイメージに影響を与えたといわれています。妖怪としての天狗は、一般的には、顔が赤く、鼻が高く、団扇《うちわ》や杖《つえ》を持ち、空を飛ぶと考えられています。修験道《しゅげんどう》の行者のような服装であったりします。天狗の面となるとさまざまなところでみることができます。そのなかには神社の祭礼があります。お祭りのとき、お神《み》輿《こし》の行列の先頭を見てみると、天狗の面をつけた人が歩いています。この役割の人は、見るからに天狗ですがサルタヒコとされてます。神の乗る神輿を道案内しており、天孫降臨の神話にちなんでサルタヒコが広く道案内の神となっていったことを示しています。

赤い口と尻、そしてサルタヒコという名。これらの特徴は動物のサルを思い起こさせます。サルは、人間に似ているのに、人間とは違います。それはとくに知能の点です。そのため「猿真似」や「猿知恵」といった言葉にも表れているように、低く見られることもあります。しかし、人間にない野生を持つことから、不思議な力を持つとも考えられました。昔話の「桃太郎」でも、鬼退治の旅のお供にサルがいます。その力を見込まれたのかもしれません。そして、サルは、日の出とともに活動をはじめ、日の入りとともに休む習性を持つことから、太陽と深く関わるといいます。太陽神アマテラスの孫のホノニニギの案内をするのが、サルを連想させるサルタヒコだったということも、必然のように思われます。

サルは、山の神を祀《まつ》る日吉大社《ひよしたいしゃ》・日吉神社（日枝神社《ひえじんじゃ》）の神使とされます。あちらこちらの日吉大社、神社で神使としてかわいらしいサルの像を見ることができます。現在の愛知県清須《きよす》市にある日吉神社は、豊臣秀吉の母が参詣し、それで秀吉を授かったという伝説が残ります。日輪が懐中に入り、妊娠したという神話的な話も伝わります。生まれた子は日吉丸と名付けられ、サルのような容姿であったことから、「猿、猿」と呼ばれていました。それが世にもまれな出世を遂げる豊臣秀吉になったとされるわけです。サルタヒコと直接かかわるわけではありませんが、サルは「魔が去る」「勝る」に通じることから、やはり特別な動物でもあったのでしょう。

　サルの姿の神というと、インド神話のハヌマーンが有名です。『ラーマーヤナ』という二世紀末頃に成立したとされる古代インドの叙事詩で活躍するサルの英雄です。空を飛び怪力を持つハヌマーンが悪者を倒す話は、広くアジア地域で大人気です。その話は中国まで伝わり、『西遊記』の主人公である怪猿・孫悟空《そんごくう》のモデルにもなったといいます。『西遊記』では、三蔵法師が天竺《てんじく》に経典をもらいに行くのに猪八戒《ちょはっかい》や沙悟浄《さごじょう》とともに同行します。孫悟空の活躍で、一行は困難に打ち勝ち、経典を得ることができ、最後は仏になることにも成功しました。この物語での孫悟空の役割も、旅の同伴者となって成功へと導いているという点でサルタヒコと似ているところがありますね。

3　まるで擬態？　ヒトコトヌシ

古事記は上巻、中巻、下巻と三巻からなります。そのうち上巻が神代、つまり神々の時代の話です。中巻からは人の時代となりますが、神武《じんむ》天皇の話やヤマトタケルの話など、神々はたびたび現れ、人と関わります。下巻となるとほとんど神は出てきません。しかし、ただ一カ所だけ神が登場する場面があります。それが第二一代・雄略《ゆうりゃく》天皇のところです。しかもその神の姿は異様なものでした。

あるとき天皇一行が葛城山《かつらぎやま》という山に登りました。一行は、みなそろいの紅の紐《ひも》をつけた青い衣を着ていました。そのとき、山の反対側から登ってくる人たちがいました。彼らはなんと天皇一行の姿とそっくり。お付きの人々の服装や人数までまったく同じで区別もできないほど。鏡を見ているようです。その様子を見て不審に思った天皇は、「この国に自分以外に王はいないのに、誰がこのようなことをしているのか」と問います。すると、まったく同じ姿をした相手もまたまったく同じ言葉を返します。今度はまるでコダマのようです。怒った天皇は矢をつがえ、お付きの官人たちも同じようにします。すると相手の一行もまた、まったく同じように矢をつがえました。かさねて天皇は問います。「名を名乗れ、お互いに名を名乗ってから矢を放とう」。すると相手はいいました。「ならば私が先に名乗ろう。わたしは、悪いことでも一言、善いことでも一言、言い放つ神である一言主大神《ひとことぬし》だ」。これを聞いて恐れ入った天皇は、「私は人間なので、わかりませんでした」とかしこまり、持っていた弓矢をはじめ、お付きの官人たちの着ていたものまですべて脱がせて献上し、神を拝みました。するとそのヒトコトヌシは喜んで手を打ち、受け取ります。さらに、天皇が帰るときには、山の端のところまで送ったといいます。

ヒトコトヌシは、今では一言の願いであれば聞き届けてくれるとされ、各地の神社に祀られています。その中心は奈良の葛城一言主神社。雄略天皇の前にヒトコトヌシが現れた、そのときの場所に建つとされます。地元では「一言さん」と呼ばれて親しまれており、絵馬に願い事を書く時も一言にまとめるようにするといいそうです。

葛城山は、のちに修験道の行者たちの修行場になっていきます。修験道の開祖とされる役行者《えんのぎようじや》もこの山にいたと伝えられています。平安時代初期の仏教説話集である『日本霊異記《りょういき》』によると、役行者は、葛城山と金峯山《きんぷせん》の間に、鬼神たちを働かせて橋を架けようとしたことがありました。働かされる鬼神たちが困っていたので、ヒトコトヌシが人の口を借りて朝廷に役行者に謀反の疑いありと讒言《ざんげん》をします。役行者はとらえられ、伊豆《いず》に流されます。伊豆に流されても不思議な力を持つ役行者は昼は役人たちの目があるので伊豆の島におり、夜は富士山に飛んで修行を続けたといいます。その後役行者の罪は許されることになりました。讒言をしたヒトコトヌシは、というと役行者に捕縛されてしまい、いまだに呪文をかけられ、動けないままだとか。これは役行者の験力の高さを示すための物語なのでしょう。

いまの葛城一言主神社では、秋に大祭が行われ、御神火祭と呼ばれています。拝殿の奥にある本殿の前に神火壇を作り、神職が火を焚《た》いて人々の願い事を記した祈禱串《きとうぐし》を火にくべて燃やします。拝殿内で護摩を焚くというのは、修験道の色濃い行事で、現在神社で行っているところはあまりありません。天候によっては、自分の手で火に祈禱串をくべることができるそうなので、ぜひ参加したいお祭りです。

それにしても不思議なのはヒトコトヌシの現れ方です。神はめったにその本来の姿を人間の前には現しません。現すときには、動物の姿をとったりするようです。生き物のなかには、ほかの生き物とそっくりな形や行動をしてだまし、生存を図ったり、餌を得ようとしたりするものがあります。それを擬態といいます。チョウのなかには、枯れ葉と見分けがつかないようにして姿を隠したり、また無害なアブが、有害なハチに似ていたり。魚では、体の一部に卵を擬態して、動かし、メスに勘違いさせて産卵を促すといったものもあります。生き物の生存戦略の一つといえるでしょう。

ヒトコトヌシのこの行動を擬態といえるかどうかはわかりませんが、相手の雄略天皇を驚かせ、畏怖を与えるには十分だったようです。役行者に対しても、この力を発揮したらどうなっていただろうかと想像せずにはいられません。

第八章　動物の姿をしている神

動物の姿をした神というと、エジプト神話が思い起こされます。ハヤブサの頭をしたホルスや猫の姿をしたバステトのほか、ミイラ作りの神はジャッカル姿のアヌビス、牝牛《おうし》の姿をしているのは、愛の女神であるハトホルです。神話のなかの神々の行動や性格とそれぞれの動物の特性や生態とが結びついていったのでしょう。

エジプト神話ほどではありませんが、日本の神々の世界にも動物の姿をした神が登場します。オオクニヌシ（オオナムチ）の神話のところで紹介した因幡《いなば》の素兎《しろうさぎ》のように、ワニをだまし、皮を剝がれて苦しんでいたウサギが、オオナムチに助けられ、生まれ変わったことで「兎神」となり、オオナムチに対して、「ヤガミヒメはあなたを選ぶでしょう」といった予言を下すという話もあります。もともとは神ではなかったのでしょうが、生き返るような体験をしたことで神となった動物といえるでしょう。動物には、人間にはない力があります。鳥であれば空を飛べますし、嗅覚が優れた動物もいれば、人間より速く走れたり、人間がいけないような険しいところに入っていくことができる動物もいます。人間には備わっていない力を持った動物。その動物の姿をした神の神話は、やはり特別な力を持つ存在として描かれているのでしょうか。

1　実は偉大な森の王？　アメノカク（鹿）

鹿というと、奈良公園の鹿が思い浮かびます。つぶらな黒い瞳が愛らしく、一緒に写真を撮ったり、餌をあげようとする観光客にいつも大人気。かわいい鹿のイメージもありますが、他方で鹿は今でも作物を食い荒らしたり、樹皮を食べてしまったりする害獣でもあり、駆除の対象となっている地域もあります。古代には、いまよりももっと人間と近い存在だったのでしょう。神話のなかにはさまざまな鹿の話がでてきます。なかでも古事記が語る鹿の神・アメノカクは、高天原《たかまのはら》の神々に頼られる存在です。

アメノカクが活躍するのは、国譲り神話です。第五章のタケミカヅチのところでも紹介しましたが、もう一度ふり返ってみましょう。あるときアマテラスがオオクニヌシの治めている地上の葦原中国《あしはらのなかつくに》は自分の子が治めるべきだといいます。そこで国を譲るよう求める使者を送ることにするのですが、二度も失敗をしてしまいます。最初の使者は三年、次の使者はなんと八年もの間音沙汰がなく、オオクニヌシの側に寝返ったり、自分こそがオオクニヌシの跡取りになろうとしたりする始末。そこで神々が相談したところ、三度目の使者としてイツノオハバリとタケミカヅチの名が挙がりました。ところが、彼らは高天原の天の安の川の上流のとても険しいところで道を塞いでいるので、神々は頼みに行くことができませんでした。そこで抜擢《ばってき》されたのがアメノカクという神です。この神については、カク（迦久）がカコの意味で、水夫を意味し、船を操るのに巧みな神で、天の安の川を上っていけるのだという説や、矢の神で上流のほうへ飛んでいけるのだという説もあります。そして古くからいわれるのがカクとは鹿児のことで、鹿のことを意味するというものです。

鹿はとても険しい道でも通ることができることで知られます。源平の合戦を描く『平家物語』では、一ノ谷に軍を構えた平家を源義経たちが攻め落とす話が描かれています。一ノ谷は険しい断崖の下。この断崖を駆け下りることができたならば、平家を奇襲することができます。しかし、その断崖は人も馬も降りられないといわれています。しかし鹿は通ると聞き、義経は、鹿にできて馬にできないはずはないと言って一気に駆け下り、平家方の背後を突きました。鹿の能力を伝える話でもあります。険しい道の奥にいる神を迎えに行くのであれば、鹿は最適な使いなのではないでしょうか。

さらに、鹿の角にも注目です。あの鹿の立派な角は、一年かけて成長し、春頃に生え替わります。ずっと大きくなり続けるわけではなく、毎年新しく生えてくるものです。そのため死と再生を象徴する動物とされ、日本以外の地域でも特別な動物とみなされることが多いようです。たとえば、ギリシャ神話では森と狩猟を司る女神であるアルテミスは、黄金の角を持ち、矢より早く駆けることができるケリュネイアの鹿を彼女のシンボルとします。ケルトの神ケルヌンノスは、動物たちの主で、彼の頭には鹿の角が生えています。映画『もののけ姫』の山の神「シシ神」も死と再生を司る山の神で鹿の角を持っていました。アマテラスがお使いとして選んだアメノカクも、タケミカヅチが暮らす高天原の自然界を治める偉大な神だったのかもしれません。奈良公園の鹿は神使とされていますが、そう思ってみてみると、さらに神々しいように見えてくるのではないでしょうか。

2　大事な食事会にはこだわりの名シェフを　クシヤタマ（鵜）

お客様を迎えるときに、おもてなしの食事を差し上げるということがあります。それは古代においては従っていることを示す儀礼としても行われていました。その場合、もてなされる客人は支配する側です。そして食事を出してもてなすのは支配される側。おそらく食事は、その土地でとれたものを中心とする心づくしのものになることでしょう。もしその食事が、国を譲るかどうかをめぐって長い間膠着《こうちゃく》状態にあり、とうとう武力行使をともなってまとまった交渉のあとに差し上げるものだとしたら、もてなす側は大変な緊張をともなうものになると想像できます。さらにその食事を整える役目を負う者は責任重大です。神話のなかで、そんな役割を任された神は、なんと鳥の鵜《う》の姿になって奮闘しました。

高天原のアマテラスは、葦原中国は自分の子孫たちが治めていくべきだと思い、国譲りの交渉に入りました。アメノホヒ、アメワカヒコと立て続けに使者を送りますが、いずれも葦原中国の側に寝返り失敗。そこで剣の神タケミカヅチを送り、交渉に当たらせます。オオクニヌシの息子タケミナカタの抵抗もありましたが、圧倒的な力をみせて屈服させ、コトシロヌシも承諾。オオクニヌシも国を譲ることに同意しました。オオクニヌシは、自分の住むところを天の神が住むようなとても大きなものにしてくれれば、そこに隠れ住みましょうと宣言し、出雲の浜で天の神への食事を差し上げて服従の意思を表明することにします。

このときに料理人の役を任されたのがクシヤタマという神です。クシヤタマは、食事の準備をするにあたって、鵜の姿になると、海の底まで潜っていき、海底の土を加えて持ってきて、たくさんの平たいお皿を作ります。さらに海藻を刈り取ってそれから火を起こす道具も作り、火を起こしはじめます。クシヤタマは、自分が起こした火は特別なものだ、その火を使って、海人がとったたくさんの立派なスズキを料理して差し上げましょうといい、天の神々をもてなしました。

おもてなしのために食器から作るとは、美食家で陶芸家でもあった北大路魯山人《ろさんじん》のようでもありますが、さすがにこだわりの芸術家魯山人でも火を起こす道具までは作らなかったはず。クシヤタマのこだわりぶりが、ただならぬものであるとわかります。

クシヤタマ

一つ不思議なことは、なぜクシヤタマは鵜だったのかということです。鵜といえば、水かきのある足を使って水に潜り、独特の細いくちばしで魚を捕らえ、それを水から出た後で丸のみにするという習性があります。その習性を利用し、水から出たあと、呑《の》み込む前にアユなどの魚を吐き出させるのが鵜飼いという漁法です。今では岐阜県の長良川の鵜飼いが有名ですが、日本以外でも行われるもので、かつてはヨーロッパでスポーツとして楽しまれたこともあったとか。国内では、古くから各地で行われていたようです。五世紀から六世紀頃とされる群馬県高崎市保渡田《ほとだ》八幡塚古墳からは、魚をくわえた鵜を表したと解釈される埴輪《はにわ》も出土しています。どうやらとても身近な鳥だったようです。魚を捕ることに活用されていた鵜が、いざというときのおもてなしの料理人に抜擢されるというのも納得です。

また、神話の中で海の女神トヨタマビメが本来の姿になって出産をするとき、鵜の羽で出産するための産屋の屋根を葺《ふ》いています。出産を控えている女性に鵜の羽を持たせると安産になるという民間信仰もあります。器用に魚を傷つけずに吐き出す鵜は、赤ちゃんがすっと生まれる、安産のイメージとも重なったのかもしれません。国譲りの場面では、鵜の姿をしたクシヤタマが高天原と葦原中国の新たな関係を生み出すことにも一役買ったということでしょう。

3　ゴールへと人もボールも導く　ヤタガラス

不案内な山を歩いていくのは不安なものです。しかも頼りにしていた兄を失い、荒ぶる神まで現れたら、とうてい先に進むのはためらわれそうです。そこに頼れる案内役が現れたら、とても心強いことでしょう。この話の主人公はカムヤマトイワレビコ、のちの神武《じんむ》天皇です。彼は四人兄弟の末っ子。三人の兄のうち、二人とは早いうちに別れ、長兄のイツセノミコトとともに日向《ひゅうが》（いまの宮崎県）から天下を治めるために東の大和へと向かっていました。はじめは船で瀬戸内を通って河内国《かわちのくに》（いまの大阪府）のあたりで上陸し、大和を目指そうとしますが、そこでナガスネヒコという強敵と戦い、兄は瀕《ひん》死《し》の重傷を負ってしまいます。カムヤマトイワレビコたち兄弟は太陽神アマテラスの子孫です。彼らは西から東に向かう形になっていました。つまり太陽の昇る方角に向かって戦っていたのです。そこで方向転換をし、大和へ和歌山の熊野の方角から、すなわち東側から大和を目指すことにしました。ところがその途中でとうとうイツセノミコトは亡くなってしまいます。兄を失ったカムヤマトイワレビコは、兵士たちとともに熊野へと分け入っていきますが、そこでは熊野の荒ぶる神がクマの姿で現れ、それによって兵士たちとともに気を失うという事態になってしまいました。この窮地は、天の神々の計らいによってタケミカヅチが剣を下してくれ、その力によって切り抜けました（第五章2参照）。

先へ進もうとするカムヤマトイワレビコたちに、さらに天の神高木神《たかぎのかみ》（タカミムスヒのこと）は、「この先にはさらに荒ぶる神々がいるので、これ以上奥に行ってはいけない。道案内をするヤタガラスを遣わそう。ヤタガラスについて行くように」といいます。言われたとおりにすると、これまでとは打って変わって穏やかな旅になりました。

吉野川で出会った魚釣りをしている人、井戸から出てきた尾の生えた人、また岩を押し分けて出てきた尾の生えた人もいましたが、いずれも土地の者で、抵抗することなく、カムヤマトイワレビコたちを出迎えました。その後、刃向かうものも出てきますが、知恵や武力で切り抜け、大和へとたどり着きます。着いた場所である大和の畝傍《うねび》に橿原《かしはら》の宮（奈良県橿原市）を設け、カムヤマトイワレビコは天下を治めることになりました。初代の天皇である神武天皇の誕生です。

ヤタガラスは、目的地へとカムヤマトイワレビコを導き、初代天皇誕生をもたらした功労者といえるでしょう。そのような神話の中での活躍から、ボールもゴールへと導いてくれそうだということになったのか、日本サッカー協会のエンブレムはこのヤタガラスです。

ヤタガラスは八咫烏と書きます。八は、とにかく大きい、多いという意味で、咫《あた》は、親指と中指を広げた長さのことをいいます。ですから、名前の意味としては大きなカラスということになります。ヤタガラスの外見について知る手がかりはこの名前だけ。普通のカラスと同じように黒いのかどうかも、とくに記されていません。しかし、サッカー日本代表のエンブレムや熊野三山と呼ばれる熊野の神社（熊野本宮大社、熊野速玉《はやたま》大社、熊野那智《なち》大社）で神の使いとして描かれているヤタガラスは足が三本あります。それは、古代中国で太陽の中には三本足の烏（三足烏）が住むと考えられており、それが日本に伝わったためといわれています。

平安時代中期に朝廷で活躍した清少納言は『枕草子』のなかで、「にくきもの」（にくらしいもの、不快なもの）として、群れて鳴くカラスを挙げています。たしかに現代社会でもカラスというと街の迷惑者のイメージがあります。その一方で賢い鳥と思われてもいます。北欧神話の最高神、神々の王であるオーディンも、フギンとムニンという二羽のワタリガラスを飼っています。フギンは古ノルド語で「思考」を、ムニンは「記憶」を意味する語に由来するとされ、朝放たれると世界中の情報を集めてきて、それをオーディンに伝えるといいます。王を助けるカラスで、人間にはできないことをしてくれる有益な動物という点では、ヤタガラスと共通していますね。

第九章　人々の暮らしの中の存在

八百万《やおよろず》の神々というように、日本にはとにかくたくさんの神々がいます。そのなかにはこれまで紹介してきたような古事記や日本書紀、風土記《ふどき》といった古い文献に記されている神々だけではなく、人々の暮らしのなかから自然と生まれた神々もいます。海の神や山の神といっても、神話に出てくる神々だけではなく、それぞれの地域や山などで信仰されている海の神や山の神もいます。道ばたに「山神」と書いてある石が置いてあったりします。その場合の山神とは、神話に登場するオオヤマツミというような山の神ではなく、その山の神だったりします。このような神々は「民俗神」といいます。民俗神のなかには、神社で祭神として祀られる際に古事記や日本書紀の神と重ね合わされていくこともあります。たとえば代表的な民俗神である「お稲荷《いなり》さん」を見てみましょう。

一般的には「お稲荷さん」とか「稲荷神」と呼ばれますが、各地の稲荷神社で祭神としてお祀《まつ》りされている神は、古事記や日本書紀で穀物の神として名が登場する「宇迦之御《うかのみ》魂命《たま》」（日本書紀では倉稲魂命）です。ウカノミタマとしての神話はほとんど伝えられていない神ですが、稲荷神といえば商店街の小さな祠《ほこら》や個人の家でも祀られる大人気の神様だったりします。また、ビールでおなじみの「恵比寿《えびす》さん」も民俗神といえます。

兵庫県の西宮神社を総本社とする恵比寿神社の場合は、イザナキとイザナミの間に最初に生まれたにもかかわらず海に流されてしまったヒルコを蛭子《ひるこ》大神として祀り、島根県の美保神社を総本社とする恵比寿神社の場合は、オオクニヌシの息子のコトシロヌシを祭神とします。どちらも神様としての名前はあまり知られていないかもしれませんが、「恵比寿さん」といえば、釣り竿《ざお》をかついだ姿がすぐに思い浮かびますね。ご祭神としての神名と、よく知られた呼び方が異なっているとややこしいのですが、いかにさまざまな出自の神々がいるのかを示しているともいえます。

民俗神たちは、そもそもがよくわからない謎の存在。神話もあまりないことが多いのですが、その多様な姿をここでは紹介していくことにしましょう。

1　出身国はバラバラでも一つの船に　七福神

おめでたい図柄の代表格といえば七福神の乗った宝船ではないでしょうか。さまざまな福徳のある神々が一つの船に乗り合わせている絵は、お正月になると年賀状や広告などでもよく見かけます。

七柱の福をもたらす神々が集まって、七福神と呼ばれていますが、その由来はあまりよくわかっていません。どうやら室町時代に京の都の商人たちの間で広まった信仰だといわれています。なぜ七なのかということについては、人気の画題であった中国の「竹林の七賢人」になぞらえたのだとか、仏典にある「七難即滅、七福即生」という言葉に由来しているのだともいいます。ラッキーセブンという言い方がありますが、それは野球で七回の攻撃が得点に結びつきやすいから。七福神とは関係ありませんが、七という数字は、なにか福と結びつく力を持っていそうです。

七福神というと、現在では次の神々を挙げるのが一般的です。恵比寿（夷《えびす》）、大黒天、毘沙門天《びしゃもんてん》、弁才天（弁財天）、福禄寿《ふくろくじゅ》、寿老人、布袋《ほてい》。江戸時代には、福禄寿と寿老人が同じ神様とされたため、一席空き、そこに吉祥天や架空の動物の猩々《しょうじょう》が入ったりもしました。商人たちの間で生まれた信仰ということもあり、七福神には富をもたらす神々が多いようです。

江戸時代には、七福神をお祀りしている社寺を参詣する七福神巡りが盛んになりました。関東では元旦から七日の間、関西は元旦から十五日までの間に七福神巡りをします。なかでも東京の日本橋七福神は、すべて神社で構成され、またどれも近いところに位置しているため比較的短時間に巡ることができるのでお勧めです。日本橋七福神は、小網神社（福禄寿）、末廣《すえひろ》神社（毘沙門天）、椙森《すぎのもり》神社（恵比寿）、松島神社（大黒天）、茶ノ木神社（布袋）、笠間《かさま》稲荷神社（寿老人）、水天宮《すいてんぐう》（弁財天）から構成されます。正月七日までは、七福神参拝のご朱印を集めることができますが、例年ですと大変な人気で、歩いて巡る時間よりも、御朱印をいただく待ち時間のほうが長くかかるといわれています。今も七福神は大人気のようです。

では、七福神の神々をそれぞれ簡単に紹介していきましょう。

恵比寿

七福神のなかで唯一、日本出身の神です。漁民たちの間で生まれたと考えられます。

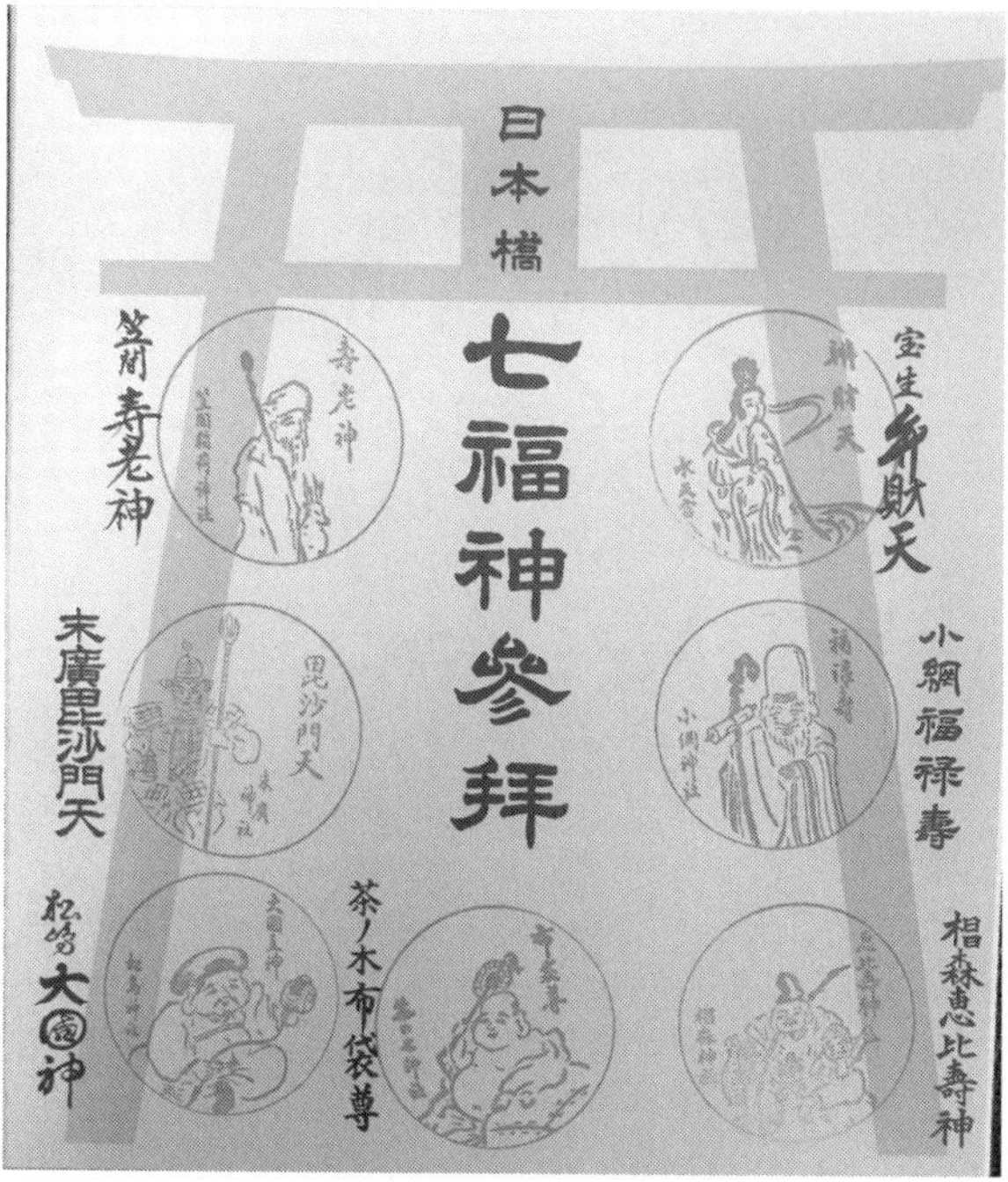

日本橋七福神（東京）のご朱印

海辺にはさまざまなものが流れ着きます。今でも、普段見かけないイルカや鯨が潮の流れの変化で海辺に打ち上げられるとニュースになるように、昔も特別な出来事と思われたのでしょう。なかには水死体が打ち上げられることもありました。漁民たちはそうしたいつもなら見ることのないような漂着物が大漁をもたらしてくれると考え、「エビス」と呼ぶようになりました。そこから大漁を与えてくれる神・恵比寿さん（えべっさん）

となっていきます。神社によっては、オオクニヌシの子であるコトシロヌシを恵比寿さんとして祀ります。また兵庫県の西宮神社のように、イザナキとイザナミの間に生まれ、不具であったために海へ流されたヒルコをえびすとして祀る神社も多いです。漁業の神様でしたが、その信仰が都市部に広がったことで商売繁盛の御利益もあるとされるようになりました。釣り竿と鯛《たい》を抱えたお酒好きの神として親しまれています。

大黒天

大きな袋を背に負って、米俵に乗って打ち出の小槌《こづち》を持つ。そんな福々しい姿をしているのは大黒天です。大黒天は、もともとインドのシヴァという神で、全身が青黒かったためにマハーカーラ（偉大な黒い神）と呼ばれていました。仏教が起こると、インドの神々は仏法を守る存在として取り入れられ、さらに仏教が中国に伝わる中で名前も漢訳されることになります。そのとき、マハーカーラは、大黒天となりました。そして仏教が日本に伝わると、そこには「大国主（オオクニヌシ）」という、音読みすると同じ「ダイコク」となる神がいます。そこで同一視されることとなりました。大黒天が背中に大きな袋を背負っているのは、神話のなかでオオクニヌシが兄弟の荷物を背負わされたことに由来します。また黒い姿をしていることがあるのは、そもそものマハーカーラの影響でしょう。日本とインドのハイブリッドな神なんですね。

毘沙門天

七福神のなかには、兜《かぶと》を着けて武装した勇ましい神もいます。それは毘沙門天。もとはインドの神でバイシュラバナといいました。別名をクベーラともいい、財宝を守る神とされています。仏法を守る神らしく、戦う姿をしており、とくに北の方角を守ります。そのため京の都の北にある鞍馬寺にも、都の北の守りとして安置されました。平安時代に造られたこの鞍馬寺の毘沙門天像は、国宝にも指定されている見事な彫像で、左手を掲げ、遠くを見るような仕草をしており、いかにも勇ましい姿です。戦国武将の上杉謙信が厚く信仰したことでも有名です。

弁才天（弁財天）

七福神の中で唯一の女神である弁財天は、インドの河の女神サラスヴァティーです。琵琶《びわ》を持つ姿で描かれることが多いように、音楽を司ります。川の水がさらさらと流れていく。その調べが音楽の調べのようだからといわれています。また川といえば豊かな水の流れが思い浮かびます。そのため、豊かな水を分け与えるということで、財福の神にもなります。ベンザイテンのザイは、音楽や詩に関わる才を使ったり、財宝の財を使ったりしますが、どちらも弁財天の豊かな恵みと関わっています。弁財天というと、広島の厳島《いつくしま》神社や神奈川の江島神社が知られています。都内では上野の不忍池《しのばずのいけ》や井《い》の頭《かしら》公園も。カップルでボートに乗ると、女神が嫉妬して別れさせる、などという都市伝説もありますが、それくらい有名なデートスポットだからということでしょう。弁天様というと、芸能や財福に関わる祈願に加え、現在では美しさにあやかりたいと、美顔の祈願をしたり、縁結びのお願いをする方も増えているようです。

福禄寿

福と禄（俸禄《ほうろく》つまり給与や財産のこと）と長寿、誰もが欲しい三つを兼ね備えた、いかにもおめでたい名前の神は、中国の道教の福神です。背が低く、頭が長い老人の姿をしていて、経巻を巻き付けた杖を持ち、長寿のシンボルでもある鶴をつれていることが多いようです。

寿老人

福禄寿と同一視されることが多い、中国の道教の福神です。やはり背が低く、長い頭を持っています。身長は三尺、つまり九〇センチほどとか。玄鹿という一五〇〇年ほど生きた長寿の鹿を連れています。福禄寿とともに、南極星（カノープス）の化身と伝えられてきました。南極星は、中国では老人星と呼ばれ、人の寿命を司るといわれています。この星が現れているときは天下太平。見えなくなると戦乱が起こるとも。ちなみに南極星は、水平線ぎりぎりに上るので、日本で見ることは難しいのですが、沖縄や小笠原にいくと見えることがあります。見えたらとてもラッキーですね。

布袋

七福神の中に一人だけ人間がいます。それが布袋。唐の時代の終わり、一〇世紀頃に実在した中国の禅僧で、契此《かいし》という名前だったそうです。太鼓腹がトレードマークで、いかにも福々しいイメージですが、実際の布袋は、ちょっと変わり者だったようです。いつも人々に食べ物やお金など、物乞いをし、それを一つの大きな袋に入れて持ち歩いていたとか。吉凶を占うこともあり、亡くなった後、その姿を絵に描かれることが増え、福の神として祀られるようになりました。大きなお腹をした笑顔の布袋さんは、子供たちに囲まれている図柄も多くみられます。人を引きつける魅力にあふれた福の神ということができるでしょう。

2　美女の頭上に衝撃の姿　宇賀神

七福神の紅一点、弁財天は、琵琶を奏でる美女として絵や彫像として表現されてきました。先ほど紹介した日本橋の七福神巡りで、弁財天をお祀りしているのは水天宮。こちらでは寶生辨財天《ほうしょうべんざいてん》という弁天様が境内の左手にある朱塗りのお社の中に鎮座しています。

いつもは御扉が閉じていますが、毎月五日と「巳《み》の日」には開かれることになっています。その日にお参りに行くと、美しい顔でたくさんの手に宝を持つ弁天様に会うことができるので、そのお姿をぜひよく見てください。弁財天の美しい顔の上には鳥居がのり、そしてその鳥居の奥にはなんと男性の顔が。さらによく見ると、男性の顔の下は蛇になっています。この人頭蛇身の男神は、宇賀神《うがじん》といいます。宇賀神の「うか」は、食物、とくに稲のことを意味する語で、古事記に名が登場する宇迦御魂命《うかのみたま》という稲の神に由来するといわれています。宇賀神の出自はよくわかっていないのですが、鎌倉時代くらいから登場するようです。ウカノミタマは、女神であるとも老いた男神であるとも考えられているため、人頭蛇身の宇賀神も、頭の部分が女性であったり、老いた男性であったりします。

なぜ蛇の姿をしているのかというと、蛇は水辺に住むため、水神とされ、水田の水も司るという信仰があったからだと考えられます。そうしたことから人頭蛇身という、ぎょっとするような姿が生まれていったようです。

さて、この人頭蛇身の宇賀神ですが、単体として祀られるだけでなく、水神としてつ

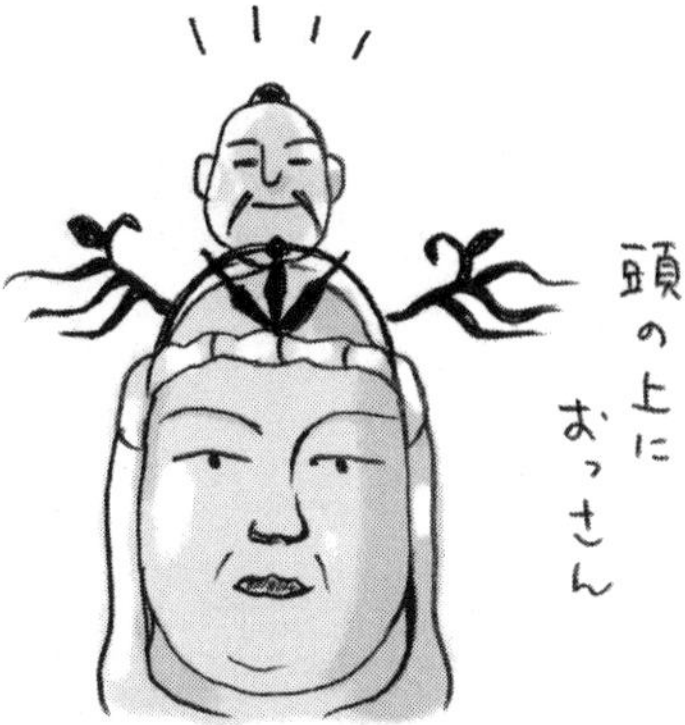

宇賀神

ながっているためかサラスヴァティー河の神で水神である仏教の弁財天のなかに取り入れられていきます。そうして生まれたのが「宇賀弁財天」です。とくに中世から江戸期にかけて、水天宮で見ることができるような、とぐろを巻いた蛇に老人の頭がついているという衝撃的な姿の像を頭上に戴《いただ》く弁財天像が造られるようになりました。

滋賀県琵琶湖の竹生島《ちくぶしま》の宝厳寺《ほうごんじ》は、厳島、江の島と並んで三大弁天と称される弁天信仰の中心地の一つです。宝厳寺では弁天堂や宝物殿も含めると複数の宇賀神を戴く弁天像を見ることができます。

江の島の場合は、江島神社の参道でもある弁財天仲見世通りにある「岩本楼」という旅館で古い宇賀弁財天を見ることができます。旅館でどうして？　と思われるかもしれません。実は、江の島は神仏習合が続く江戸時代までは、岩本院という寺院が弁財天を祀る場所でした。明治期になり、神仏分離が行われ、江島神社となって仏教色が排除されたときに、岩本院は、宿坊も兼ねていたために岩本楼という旅館となり、本尊であった八臂《はっぴ》弁財天像（宇賀弁財天）もそこに安置されることになりました。江戸期の宇賀弁財天像の風情をとてもよく残したもので、本館の一階で見せていただくことができます。

頭上の宇賀神に注目しつつ、江の島の歴史や神社とお寺の関係についても振り返ってみたいものです。

3　馬と人の悲恋　おしらさま

七福神やお稲荷さんのように全国的に知られている民俗神もいれば、その地域に固有の神もいます。日本には、たくさんの地域の民俗神がいますが、ここでは東北の「おしらさま」を紹介しましょう。

おしらさまとは、桑の木で造られた二体で一組の像です。棒の先に一つは女性の、もう一つは馬の顔が彫られています。高さはだいたい三〇センチほど。布を衣服として幾重にも重ねて着せます。馬と女性、そして桑の木。このおしらさまの裏には悲しい伝説が伝えられています。

明治になり、日本が近代化へと進み、地方の古い伝統や習俗が失われ始めた頃、民俗学の創始者ともいわれることになる柳田國男《くにお》は、岩手県の遠野出身（現在は岩手県遠野市）の佐々木喜善《ささきぜん》と出会いました。柳田は、彼から遠野に伝わる昔話や伝承、習俗を聞き、『遠野物語』としてまとめます。カッパや雪女、座敷童など、今の私たちにもよく知られた妖怪が登場し、はじめて読む人でも、「どこかで聞いたことがある！」と思う話が一つか二つ見つかる楽しいものです。

この『遠野物語』のなかにおしらさまの伝説が伝えられています。それによると、ある貧しい男のところに、美しい娘が一人と一匹の馬がいました。娘はこの馬を愛するようになり、夜な夜な馬のところに行き、ついには夫婦になってしまいます。そのことを知った男は、娘に内緒で馬を連れ出し、桑の木に吊《つる》して殺してしまいました。馬がいなくなったことを知った娘が、父に訳を尋ねると、父は事の次第を伝えます。娘は桑の木のところへ行き、馬の首にとりついて嘆き悲しみました。怒った父が斧《おの》で馬の首を切り落とすと、馬の首は娘とともに天へと昇っていきました。おしらさまは、その馬と娘を桑の木でかたどったものです。家の神でもあり、蚕の神でもあります。なぜ蚕の神とされるようになったのかというと、蚕が桑の葉を餌として食べるからとか、蚕の顔が馬に似ているからだとかいわれています。

おしらさまは、青森、岩手、宮城県北部などを中心に信仰されており、その習俗は地

御蚕神堂（オシラ堂）　© 石川県 /PIXTA

域によってさまざまに異なっていますが、多くの地域では、おしらさまの命日が一六日であると伝えられ、一月、三月、九月の一六日を祭日として、家庭で祀っているおしらさまを取り出し、新しい衣を被せる「オセンダク」を行います。またイタコと呼ばれる巫女が来て、経文を唱えるところもあるようです。

遠野の生活や文化を知る施設である「伝承園」には、おしらさまを祀る「御蚕神堂（オシラ堂）」があります。ここにあるおしらさまは約千体。訪れた人々は、願いを記した布をおしらさまに被せていきます。それほど広くはないお堂に所狭しと色とりどりのおしらさまが並ぶ姿は圧巻です。娘と馬も、自分たちの悲恋の話がこんなふうに知られるようになるとは、驚いているかもしれませんね。

第十章　もとは人間だった?!

普通の人にはできないような力を発揮した人に「神ってる」といったり、「神!」と表現したりすることがあります。「神がかっているようだ」ということもありますね。いずれもその人の運の強さや能力が一般的な人々をはるかに超えていることを意味しています。このように慣用的に人間に対して「神」という表現を使うことがありますが、振り返ってみるとたしかに長い歴史の中で日本ではもともと人間だった存在を神として信仰するということを行ってきました。

ユダヤ教やキリスト教、イスラームのような一神教では、神が人間を造り、自然界も含め世界のすべてを造り出したとします。ですから、神が造った人間を神と呼ぶこともなければ、神が造った自然界の動物や山や海が神として信仰されることもありません。しかし、日本では、神は自然界のさまざまなものに宿ると考えられ、ときに人にも神が依《よ》りつき、神の言葉が人の口から語られる話も伝えられてきました。また、神話では、神と人間が結ばれる話もあり、天皇をはじめとする大和朝廷の氏族たちは神の子孫であるという系譜を持っていました。神と人間の関係は、一神教にくらべるとずっと近いものだったのです。

とはいえ実在の人物が神として信仰対象になる、となるとよくあるわけではありません。有名なところでは天神さんで知られる菅原道真《すがわらのみちざね》（八四五～九〇三）や「権現さま」「東照大権現」とも呼ばれる徳川家康（一五四二～一六一六）など、やはり特別な能力や偉業を成し遂げた人が神としてお祀《まつ》りされてきました。特別な人を亡くなった後で神として祀る、ということがはじまったのは奈良時代末から平安時代の初期とされます。その頃は、大変な不幸な目に遭った人、恨みを残して亡くなった人などが人々に災厄をもたらすと考えられ、その人の御霊《みたま》を鎮めるために神として祀るということが行われました。それを御霊《ごりょう》信仰といいます。

その典型的な例とされるのが菅原道真です。高名な学者、文人として活躍するだけでなく、政治家としても遣唐使の廃止などの大きな仕事を成し遂げました。それが政敵である藤原氏を刺激したのか、讒言《ざんげん》にあって大宰府に左遷され、その地で失意のうちに亡くなります。その後都で天変地異が起こったり、皇太子の死去という不幸があったり、また朝廷に落雷があって讒言に関わった人物が亡くなるなどすると、それらの出来事が道真の怨霊によるものではないかと噂《うわさ》されるようになりました。雷が落ちたことから天神とも呼ばれ、神として祀ることもはじまります。はじめは恐ろしい怨霊、雷神として祀られていた菅原道真ですが、次第に詩文に優れ、たぐいまれな学才に恵まれていたことが人々に思い起こされたのでしょう。学問の神として広く信仰を集めていくことになります。今では北野天満宮をはじめとする菅原道真をお祀りする各地の天満宮、天神社は受験生の味方として大人気です。

菅原道真以外にも、神として祀られることになった人々はその後も登場してきます。ここでは彼と同じ平安時代に生きた三人を紹介することにしましょう。

1　あの世でも大活躍　小野篁

菅原道真よりも前に活躍し、多彩な活動で知られた型破りな文人、政治家に小野篁《おののたかむら》（八〇二〜八五三）がいます。子供の頃から弓馬に親しみ、そればかりやっていたのですが、時の嵯峨《さが》天皇に「父は優れた学者なのに、なぜ息子は弓馬ばかりするのか」と嘆かれたことをきっかけに一念発起して学問を志し、詩文の才を発揮するようになっていきます。順調に出世の道を歩むのですが、遣唐使派遣の際に遣唐副使に選ばれると、上司の振る舞いに腹を立てて乗船を拒否し、遣唐使を風刺する漢詩まで作りました。それを読んだ嵯峨天皇が激怒し、小野篁は隠岐《おき》へと島流しとなってしまいます。しかし、その才能を惜しまれ、二年後には嵯峨上皇に呼び戻され、位も元に戻り、官人としても再び活躍していくこととなります。一度島流しという処分を受けながら、呼び戻されて、元通りどころかそこからまた出世をするというのは、並大抵のことではありません。

そんな型破りな篁の才人ぶりを伝えるエピソードの一つとして、嵯峨天皇が「子子子子子子子子子子子子」をなんと読むかと問うたのに対し、それは「猫の子の子猫、獅子《しし》の子の子獅子」であると答え、天皇をうならせたというものがあります。「子」には「ね」「こ」「し」といった読みがありますので、それを使った解答で、学識があるという以上に、頓知が利くとか、機転が利くと行った表現のほうがしっくりくるように思います。

小野篁

それだけでなく、なんとも不思議な活躍も伝えられています。それは、役人として朝廷で働きながら、あの世の閻魔《えんま》大王の補佐をしていたというものです。あるとき藤原《ふじわらの》良相《よしみ》という公卿《くぎょう》が、病死します。閻魔大王の前に連れられていったところ、なんとその傍らには現世の知り合いである小野篁がおり、閻魔大王に「この人は正直者でいい人だから、許してあげてください」と取りなしてくれていました。気がつくと藤原良相は生き返っています。その後宮中で小野篁にお礼を述べたところ、「隠岐に流されるときにあなたがかばってくれたお礼なので、どうぞこのことは黙っていてください」と言われたとか。

小野篁が、あの世へ行くときに使ったとされる井戸が、京都市東山区の六道珍皇寺《ろくどうちんのうじ》というお寺の本堂裏手にあります。小野篁は身長が六尺二寸（一八八センチ）と伝えられる大男。そんな大男が通るには少し小さいのでは、と思うような井戸ではありますが、いろいろな点で想像を超える力を持った人物なので、通れたのかもしれません。

残された歌の数は多くありませんが、百人一首に「参議　篁」の名で採られている次の歌があります。

わたの原　八十島かけて　漕ぎ出でぬと　人には告げよ　海人《あま》の釣舟

「海原のたくさんの島々に向かって、漕ぎ出していきました、と都に残した人々に伝えてください、釣り舟の海人たちよ」といった意味になるでしょうか。隠岐に流されるときに都の人々を思って歌った歌と伝えられています。

このように詩文に優れ、機知にあふれ、また閻魔大王にも重用されるという多彩な小野篁は、学問の神さま、芸能の神さまとして祀られることになっていきます。たとえば東京都台東区にある小野《おの》照崎《てるさき》神社は、小野篁が京から東国へと下る際に、上野の照崎の地（現在の上野公園のあたり）で、その景色を愛《め》でたことから、彼を称えるため、死後に建てられたと伝えられています。現在は、同じく学問の神として知られる菅原道真もお祀りされています。平安時代の文人、才人を二人もお祀りしている神社です。神社には、雅楽会もあり、毎年のように社殿では雅楽の奉納演奏も行われ、小野篁の時代と変わらぬ文化を感じる機会もあります。都内では珍しく近代の震災、戦災を免れた江戸期の社殿が残り、その彫刻も見事。文芸に秀でた小野篁らしさを感じる神社です。京都の六道珍皇寺とともに、ぜひ訪れたい場所です。

2　不思議な力は母譲り？　安倍晴明

古代中国に生まれた思想に、世界のあらゆるものは陰と陽の二つの気で成り立つという陰陽《いんよう》説というものがあります。太陽は陽、月は陰。奇数は陽、偶数は陰、男性は陽、女性は陰といった具合です。また、その世界は木・火・土・金・水という五つの要素（五行）の循環や相互作用によって運行し、変化していくとする五行《ごぎょう》説もありました。

その陰陽説と五行説は、結びつき、陰陽五行説となります。木・火は陽、金・水は陰、土はその中間と考え、季節の運行や暦、天文などさまざまなものを理解する方法として日本に伝わります。そして日本古来の卜占《ぼくせん》なども結びつき、「陰陽道《おんようどう》」として独自に展開し、とくに平安時代には人々の日常生活に深く影響を与えるものとなりました。律令制下では、陰陽寮《おんようりょう》という役所も置かれ、陰陽寮と大宰府には、陰陽師《おんみょうじ》という官人も置かれます。陰陽師とは、天文や地相から吉凶を判じる役人でしたが、次第に広く占筮《せんぜい》を行ったり、天文、暦数をよむなどして占いをする呪術者を指すようになります。その中でも代表的な陰陽師が安倍晴明《あべのせいめい》（九二一〜一〇〇五）です。晴明は、天を見て吉凶を判断し、なにか異常があれば天皇に奏上する「天文密奏《てんもんみっそう》」という役も務めていました。貴族たちの信頼も厚く、なにか身の回りに異変があると晴明に相談するということが行われていたようです。その活躍は、平安時代の説話集などにも取り上げられており、占い師という以上に、不思議な力をもつ人間を超えた存在と思われていたのでしょう。式神（識神）という鬼神を使役し、日常の生活の世話をさせていたというような伝説もあります。

あるときには、そんな晴明の名声に嫉妬したと思われる僧侶たちが、式神で人を殺せるのか、と問います。晴明が、できないことはない、虫ならばより簡単だけれども生き返らせることはできないので、そんなことをしても無意味だと答えました。それに対してさらに僧侶たちはそこにいたカエルを殺すようにいいます。晴明が仕方なく草の葉になにかを唱えカエルのほうに投げたところ、葉に当たったカエルはぺしゃっと潰れてしまい、僧侶たちも恐れをなしたと伝えられます。

ほかにも藤原道長に贈られた瓜《うり》に毒が仕込まれていることを明らかにするなど、不思議な力を発揮して活躍した伝説が数多く伝えられています。そんな安倍晴明を巡る伝説は、江戸時代のはじめに仮名草子『安倍晴明物語』としてまとめられ、それが江戸中期の『芦屋道満大内鑑《あしやどうまんおおうちかがみ》』という浄瑠璃作品に影響を与えたことで、人々の間により広く親しまれることになります。これらの作品では、安倍晴明の不思議な力の源は、その出生にあるとされます。なんと安倍晴明の母は白い狐《きつね》だというのです。

『芦屋道満大内鑑』、通称『葛の葉』によると、安倍保名《やすな》という人物が摂津国《せっつのくに》（大阪府）安倍野（現在の阿倍野区）に「葛の葉」という妻と住んでいました。二人の間には男の子が一人います。幸せに暮らす家族のもとに、あるとき本物の葛の葉とその両親が訪れ、娘を保名と結婚させるために来たのだといいます。一行は、そこに葛の葉とまったく同じ姿をした「葛の葉」と名乗る女性がいることに驚き、保名もまた妻が二人いることに驚きますが、自分の妻となっている「葛の葉」は、人間ではないのだと気がつきます。そして「葛の葉」は本物が現れたことを知り、幼子に別れを告げます。そのときに、障子に和歌を書き付けました。

安倍晴明

恋しくば　尋ね来て見よ　和泉なる信太の森の　うらみ葛の葉

恋い慕う保名たちに、「葛の葉」は、白い狐の姿を見せ、本物の葛の葉と幸せに暮らすように言って姿を消しました。その白い狐は、かつて保名が猟師から助けた狐で、そのとき保名は傷を負ったのでした。そこで狐は婚約者・葛の葉の姿となって保名の世話をし、子をもうけることになったのです。その幼子が成長し、陰陽師・安倍晴明として不思議な力を発揮するようになりました。

歌舞伎では、本物の葛の葉と白い狐が化けている葛の葉は同じ役者が一人二役で演じます。そのため素早く衣装や髪型などを変えたりする早変わりがあります。またこの和歌を障子に書く際には、子供を右手で抱えながら左手で書いたり、口に筆をくわえて書いたり、裏書き（鏡文字）で書いたりといった「曲書き」をします。このように普通の人ではできないような書き方を見せることで、正体が狐なのだということを観客にも見せていきます。母と幼子の別れを描く、とても切ない場面なのですが、あの安倍晴明の力は、このような異能の母譲りなのだということがよくわかるところでもあります。

そんな安倍晴明の母の葛の葉を祀るのが大阪府和泉市葛の葉町にある信太森《しのだのもり》神社です。葛葉稲荷神社という通称で知られています。安倍晴明という優れた子を産んだということからでしょうか、安産や子宝を願って訪れる人が多いそうです。

そして安倍晴明を神として祀るのが京都市の晴明神社です。堀川通りにあり、晴明の死後まもなく一条天皇が晴明を称えるために彼の屋敷跡に造らせたそうです。境内には、晴明が湧き出させたという井戸もあり、また晴明が使役した式神の像もあります。晴明神社の神紋は安倍晴明の紋でもあった五芒星《ごぼうせい》。陰陽五行説を表したもので、魔除けの印としても知られています。この五芒星の魔除けは、晴明神社のほかでも見ることができます。たとえば「石神さん」という通称で知られる三重県鳥羽市相差《おうさつ》町の神明神社のお守りがあります。この石神さんは、古くから海女さんたちに信仰されてきた神社で、女性の願いを一つだけ叶えてくれるといわれています。そのお守りは「セーマン・ドーマン」(ドーマン・セーマンとも)と呼ばれ、五芒星のほうがセーマン、立て五本、横四本の九字で格子になっているものをドーマンと呼びます。セーマンは安倍晴明、ドーマン

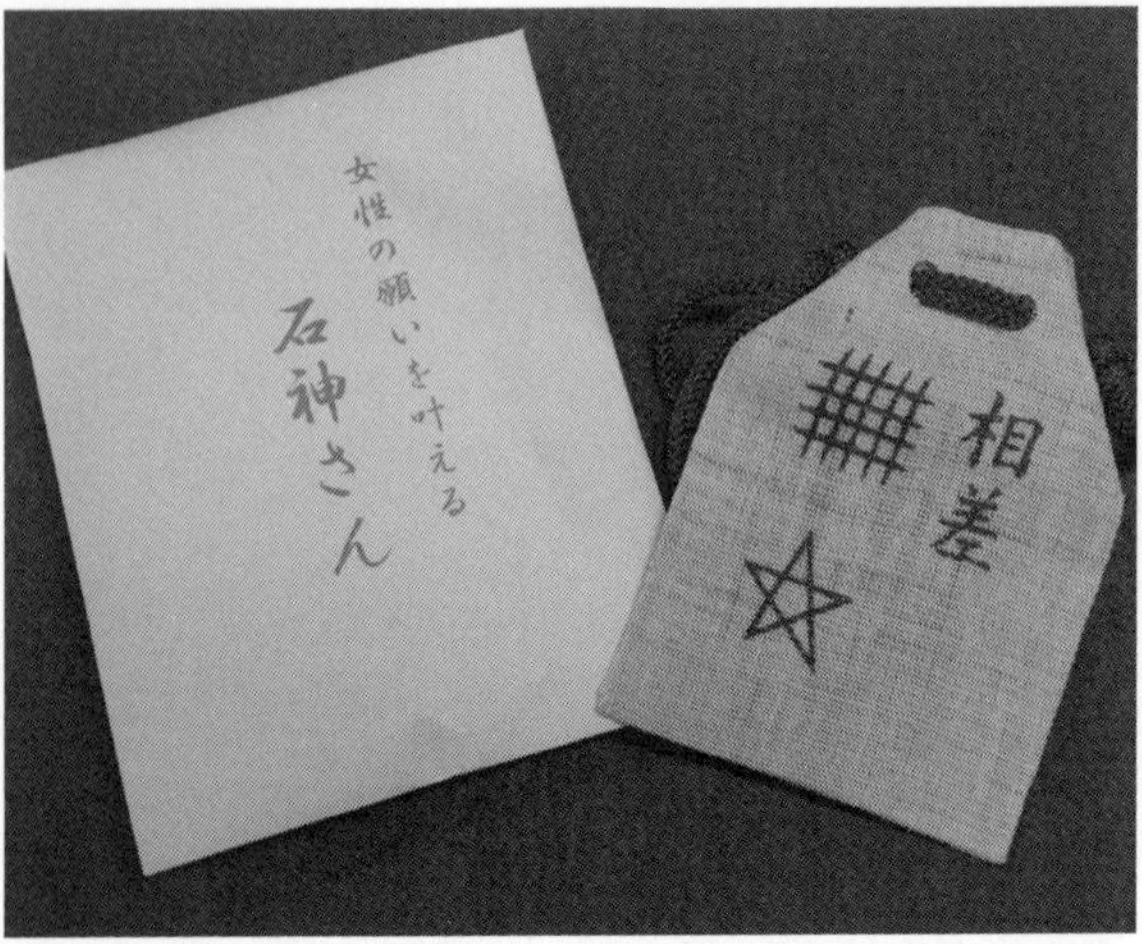

神明神社のお守り

は晴明のライバルであったとも伝えられる陰陽師・芦屋《あしや》道満《どうまん》に由来しているそうです。五芒星のセーマンは、一筆書きで、元の場所に戻るため、魔の入るスキがないよう、あるいは海に潜っても必ず無事に戻って来ることができるようにという願いが込められます。ドーマンは、たくさんの目が魔除けとなるということです。意外なところで今も安倍晴明たち陰陽師の力が頼られていることがわかります。

3　天狗になった不運の帝　崇徳天皇

平安時代も末期になると、菅原道真などを追い落とすなどして政治の中心を担っていた藤原氏の独占的な力も、次第に落ちていくこととなります。天皇の位を巡る主導権争いは、天皇家の内部の対立を明るみに出し、内乱も起こっていきます。その中で存在感を発揮していくことになるのが武士です。初の武士による政権である平氏の政権は、保元の乱、平治の乱といった天皇家、貴族たちの争いの中から誕生していくことになりました。

この動乱の中に生き、運命を翻弄されたのが崇徳《すとく》天皇（一一一九〜一一六四）です。鳥羽天皇の第一皇子で、曾祖父である白河院の意向により五歳（数え年なので、満三歳）で即位します。その頃は、白河院が実権を握り、天皇とはいえ何もできない状況だったでしょう。その白河院が亡くなると、今度は父である鳥羽院が政治を行うようになります。すると鳥羽院は美福門院という寵姫《ちょうき》が生んだ皇子に皇位を譲るようにと迫ります。心ならずも従った崇徳天皇。退位をしたときはまだ二二歳でした。それでも祖父や父がしたように、自分の子を皇位に即《つ》けることで、院政が行えるという望みを持っていましたが、そうはなりません。次の近衛天皇が早くに亡くなると、次もやはり鳥羽天皇の皇子で、崇徳院の弟、後白河天皇が即位することになります。このとき皇太子には崇徳院の子ではなく、後白河天皇の子が決まりました。自分の子が即位し、院政を行うという望みも絶たれた崇徳院は鳥羽院の死をきっかけに、挙兵をします。天皇家だけではなく、摂関家の内部での争いもあり、朝廷を二分する内乱となりました。それが保元の乱（一一五六年）です。このとき後白河天皇側について戦ったのが平清盛、源義朝（源頼朝、義経兄弟の父）といった有力な武士たちです。戦いはあっという間に天皇側が勝利し、敗れた崇徳院は出家をして許しを請うも、それがかなわず讃岐国《さぬきのくに》へと流されることになりました。大変厳しい処罰と受け止められていたようです。

保元の乱を描いた軍記物語である『保元物語』によると、その讃岐での住まいは簡素で、訪ねる者もなく、崇徳院は都を思って涙にくれ、弟である後白河天皇のつれなさを恨んでいたそうです。そしてこの世ではうまく行かなかったけれども、後の世のためにと思い立ち、仏教への信心から写経をはじめます。それは指先から血を滴らせ、それで華厳経《けごんきょう》、大乗経、般若経《はんにゃきょう》、法華経《ほけきょう》、涅槃経《ねはんきょう》の五部の大乗経写本を作るというものです。完成には三年の月日がかかりました。自らの血で書き上げたお経を、ぜひ都の社寺に収めて欲しいと朝廷に願い出ます。しかし、遠国に流され、その体は都に入ることができないのに、血でしたためた経を都に入れることはおかしい、またどのような願いが込められているのかわかったものではない、という不吉がる声が上がり、その願いはかなえられませんでした。

このことを聞いた崇徳院は、嘆き、恨み、その後一切ひげも剃らず、爪も切らず、生きたまま天狗の姿になったそうです。そのことを聞いた朝廷は恐ろしくなり、様子を見に人を使わすと、その使いに向かい崇徳院は、「わたしは日本の大魔縁となろう」といい、舌を食いちぎって、流れ出る血で、その誓いを先ほどの血書の大乗経写本の最後に書き付け、海へと投げ込みました。

その九年後に崇徳院は亡くなり、白峰の地（香川県坂出市《さかいでし》）に葬られました。すると火葬の煙が都に向かって流れていきます。人々は崇徳院の都を思う気持ちに恐れをなしたと伝えられます。

保元の乱ののち、その後の始末に納得のいかなかった者たちによる平治の乱（一一五九年）が起き、それに勝利した平清盛らによる武家の政治が行われますが、安定していたとはいえませんでした。延暦寺《えんりやくじ》の僧侶たちによる強訴《ごうそ》や鹿ヶ谷《ししがたに》の陰謀と呼ばれる事件なども起こり、人々の間に崇徳院の怨霊の仕業ではないかという噂が立ちはじめます。そこで朝廷では、もともと「讃岐院」と呼んでいましたが、御霊を鎮めるため、「崇徳院」という号を贈ることになり、さらにその御霊を祀るようになります。

恐ろしい崇徳院というイメージはその後も江戸期の『雨月物語』などにも伝えられ、天狗、大魔縁になった祟《たた》りをなす御霊として知られていくことになります。

他方で歌を好む雅な都人でもあり、百人一首にも採られた次の歌が有名です。

瀬を早み　岩にせかるる滝川の　われても末に　あはむとぞ思ふ

流れの早い川の水が、岩で二つに分かれても、後にまた一つになるように、愛《いと》しいあなたともまた会えるでしょう、といった意味になります。この歌が登場する「崇徳院」という有名な古典落語もあり、天狗《てんぐ》の崇徳院とはまったく関係のない恋愛話が展開しています。

恋愛と崇徳院というと、崇徳院（崇徳天皇）をご祭神とする京都市の安井金比羅宮が

安井金比羅宮の縁切り縁結び碑

あります。歴史は古く、天智《てんち》天皇の時代に藤原氏が造った藤寺が起源で、このあたりに崇徳天皇が寵姫を住まわせました。讃岐で崩御されたと聞き、その寵姫が崇徳天皇自筆の御尊影をお堂に祀ります。そののち讃岐の金刀比羅宮（金比羅さん）の神であるオオモノヌシを招き、現在では崇徳天皇やオオモノヌシ、平安末期に活躍した武将の源《みなもと》頼政《のよりまさ》をお祀りする安井金比羅宮となっています。

この安井金比羅宮の境内は、いつも若い女性たちでいっぱいです。なぜかというと、ここは悪縁を切って良縁を結ぶ場所として知られているからです。そのため「縁切り」神社とも呼ばれています。縁切りというと、人間関係のことを思い起こしますが、そもそも崇徳院が讃岐でさまざまな欲を断って金刀比羅宮に籠もり、願をかけたことに由来します。ですから、悪縁全般なので、病気や悪癖、酒、タバコなどさまざまなものと縁を切り、それによって良縁を得ようとする方々が多く訪れています。最近では、会社を辞めたいとか、上司と縁を切りたいといった仕事の悩みも多いようです。

境内で目を引くのは、たくさんの「形代《かたしろ》」（身代わりのお札）がみっしりと貼り付けられた「縁切り縁結び碑《いし》」。お参りをしたあと、「形代」に切りたい縁、結びたい縁などを書き、願い事を念じながら表から裏へと碑の穴をくぐり、また裏から表へとくぐります。それによって悪縁を切り、良縁を結ぶことができるのだとか。

崇徳院は「大魔縁」、つまり仏道の妨げになる存在になってやる、天狗になってやる、と言ったと伝えられていますが、それだけの強い力だからこそ、今は転じて悪縁を絶ち、良縁を結んでくれる神として信仰を集めるようになったということでしょう。

あとがき

「専門分野は何ですか？」と聞かれたら、「神話学です」と答えます。日本の神話を中心に、ほかの地域の神話とも比較をしながら、文化や人間について考える研究をしています。そんなわたしが、神社と神話、神に関する本や企画に声をかけていただくようになったきっかけは、本書のイラストを描いてくださった上大岡トメさん（＋ふくもの隊）の『開運！神社さんぽ　古事記でめぐるご利益満点の旅』（泰文堂、二〇一一年）、『開運！神社さんぽ（2）伊勢神宮・出雲大社をめぐるご利益満点の旅』（泰文堂、二〇一三年）に監修として関わったことでした。神社に訪れる人が増えるなか、神話を知ってお参りしたらもっと楽しい、ということに気づく本です。これらの本の製作に関わって、あらためて、神社にあんなにたくさん人が訪れていても、神さまについてはあまり知られていないのか、神社という場所についても、意外に知られていないことは多いんだなと気がつきました。それはとってももったいないこと。そこで上大岡トメさんの紹介で知り合った筑摩書房の鶴見智佳子さんと作ったのが前著『神社ってどんなところ?』(ちくまプリマー新書、二〇一五年)です。

前著は、知っていそうで知らない神社について、神さまのことだけでなく、神社という空間にどういうものがあるのか、建築のこと、お祭りのことなど、神社という空間をもっと味わい、そしてそこから日本の文化について考える手がかりが得られるような知識が詰め込まれています。

そして今回は神社というよりも、より専門である神話を中心にして、日本人が神とどう関わってきたのかという視点から書いてみよう、ということになったのですが、企画を立てていただいてから三年。気合いの入りすぎか、なかなか思うように書くことができませんでした。さらに新型コロナウィルスの感染拡大という状況は、生活だけでなく、大学の授業にも研究環境にも大きな変化をもたらしました。神社のお祭りが中止になったり、初詣も通常とは異なる形になりました。ますますいったい何をどう書いたらいいのだろうと迷いが深まっていきました。そんななか、出張先で誰もいない神話の舞台に立ち寄ったとき、こういう時期だからこそ、日本人が神とどう関わってきたのかを振り返ることに意味があるんだと気がつきました。そこから一気に筆が進み、ようやく今、本書を送り出すことができます。

根気よく励まし続けてくださった鶴見智佳子さんには、心より御礼申し上げます。また、日本の神さまを身近に感じさせてくれるといったら、この方よりほかにないと思っている上大岡トメさんにイラストを描いていただきました。なによりうれしいことです。

一日も早くこの災禍が過ぎ去り、みんなで神話の舞台を訪ねたり、神さまの行動にツッコミを入れながらおしゃべりに興じたり、ヤマタノオロチのように酔っ払ったりする日が来ることを願ってやみません。

二〇二一年九月

平藤喜久子

参考文献

＊ここでは手に入りやすいものを中心に挙げてあります

〔神話〕
『古事記』新編日本古典文学全集、小学館　他
『日本書紀』新編日本古典文学全集、小学館　他
『風土記』新編日本古典文学全集、小学館　他

〔事典〕
大林太良、吉田敦彦監修『日本神話事典』（大和書房、一九九七）
国学院大学日本文化研究所編『縮刷版　神道事典』（弘文堂、一九九九）
松村一男、平藤喜久子、山田仁史編『神の文化史事典』（白水社、二〇一三）

［一般書］

大野晋『日本人の神』（河出文庫、二〇一三）
岡田莊司・小林宣彦編『日本神道史〈増補新版〉』（吉川弘文館、二〇二一）
小松和彦『神になった日本人』（中公新書ラクレ、二〇二〇）
櫻井治男『日本人と神様』（ポプラ新書、二〇一四）
笹生衛『日本古代の祭祀考古学』（吉川弘文館、二〇一二）
鈴木範久『聖書の日本語』（岩波書店、二〇〇六）
古川のり子『昔ばなしの謎』（角川ソフィア文庫、二〇一六）
平藤喜久子『神社ってどんなところ？』（ちくまプリマー新書、二〇一五）
平藤喜久子『日本の神様解剖図鑑』（エクスナレッジ、二〇一七）
平藤喜久子『いきもので読む、日本の神話』（東洋館出版社、二〇一九）
三浦佑之『読み解き古事記　神話篇』（朝日新書、二〇二〇）
三浦佑之『古事記の神々』（角川ソフィア文庫、二〇二〇）
三浦佑之『古事記神話入門』（文春文庫、二〇一九）

ちくまプリマー新書

231 神社ってどんなところ？ 平藤喜久子

初詣、七五三、お宮参り……神社は身近な存在です。では、そこに何の神様が祀られているか知っていますか？ 意外と知らない神社のこと、きちんと知ろう！

162 世界の教科書でよむ〈宗教〉 藤原聖子

宗教というとニュースはテロや事件のことばかり。子どもたちは学校で他人の宗教とどう付き合うよう教えられているのか、欧米・アジア9か国の教科書をみてみよう。

184 イスラームから世界を見る 内藤正典

誤解や偏見とともに語られがちなイスラーム。その本当の姿をイスラーム世界の内側から解き明かす。イスラームの「いま」を知り、「これから」を考えるための一冊。

245 だれが幸運をつかむのか ――昔話に描かれた「贈与」の秘密 山泰幸

読者に支持され語りつがれてきた昔話の多くがハッピーに終わる。そこに描かれた幸せの構造を、「贈与」「援助者」というキーワードによって解き明かす。

313 謎解き　聖書物語 長谷川修一

旧約聖書につづられた物語は史実なのか、それともフィクションなのか？　最新の考古学的研究をもとに謎に迫り、流れを一望。知識ゼロからわかる聖書入門の決定版。

ちくまプリマー新書

331 はじめてのギリシア神話

松村一男

世界の始まりを描いたギリシア神話はどんなふうに成立したか。二千年を経てもなお人々を魅了するストーリーやキャラクターを紹介し、その歴史的背景を探る。

003 死んだらどうなるの？

玄侑宗久

「あの世」はどういうところか。「魂」は本当にあるのだろうか。宗教的な観点をはじめ、科学的な見方も踏まえて、死とは何かをまっすぐに語りかけてくる一冊。

113 中学生からの哲学「超」入門
——自分の意志を持つということ

竹田青嗣

自分とは何か。なぜ宗教は生まれたのか。なぜ人を殺してはいけないのか。満たされない気持ちの正体は何なのか……。読めば聡明になる、悩みや疑問への哲学的考え方。

167 はじめて学ぶ生命倫理
——「いのち」は誰が決めるのか

小林亜津子

医療が発達した現在、自己の生命の決定権を持つのは、自分自身？　医療者？　家族？　生命倫理学が積み重ねてきた、いのちの判断を巡る「対話」に参加しませんか。

276 はじめての哲学的思考

苫野一徳

哲学は物事の本質を見極める、力強い思考法を生み出してきた。誰もが納得できる考えに到達するためのその思考法のエッセンスを、初学者にも理解できるよう伝える。

ちくまプリマー新書

284
13歳からの「学問のすすめ」
福澤諭吉
齋藤孝訳・解説
近代国家とはどのようなもので、国民はどうあるべきか。今なお我々に強く語りかける、150年近く前に書かれたベストセラーの言葉をよりわかりやすく伝える。

330
日本人にとって自然とはなにか
宇根豊
日本人はなぜ自然が好きなのか。近代的自然観や、百姓の体験に根ざした自然への見方から日本人独特の自然観を明らかにし、新しい自然へのアプローチを提唱する。

344
日本史でたどるニッポン
本郷和人
日本はひとつの民族が、ひとつの言語を使い、ひとつの国家を形成して長い歴史があると習う。けれどもそれは本当だろうか？　どのように今の日本になったのか。

116
ものがたり宗教史
浅野典夫
宗教は世界の歴史を彩る重要な要素のひとつ。異文化への誤解をなくし、国際社会の中での私たちの立ち位置を理解するために、主要な宗教のあらましを知っておこう。

335
なぜ科学を学ぶのか
池内了
科学は万能ではなく、限界があると知っておくことが重要だ。科学・技術の考え方・進め方には一般的な法則がある。それを体得するためのヒントが詰まった一冊。

ちくまプリマー新書

375
16歳からの相対性理論
――アインシュタインに挑む夏休み
佐宮圭
松浦壮監修
なぜ光の速さは変わらないの？　どうして重力は物を落とすの？　時間は絶対的なもの？　物理学者の父親にヒントをもらって思考実験を繰り返す高校生の物語。

378
生きのびるための流域思考
岸由二
かつてない量の雨が日本列島を襲っている。頭上の雨だけを見ていても水土砂災害は分からない。雨は流域で集められることを知って安全なところへ！

382
古代文明と星空の謎
渡部潤一
ストーンヘンジは夏至の日の出を示し、ピラミッドは正確に真北を向いている。古代人はどうやって計測したのか。当時の星空をシミュレーションして読み解く！

343
どこからが病気なの？
市原真
病気と平気の線引きはどこにあるのか？　病気のアラームとは何か？　かぜと肺炎はどう違う？　人体と病気の仕組みについて病理医ヤンデル先生がやさしく解説。

342
ぼくらの中の「トラウマ」
――いたみを癒すということ
青木省三
どんな人にもトラウマはある。まずはそのいたみを自覚し、こじらせてしまわないことが肝要だ。トラウマのメカニズムや和らげる術を豊富な事例から紹介する。

ちくまプリマー新書

238
おとなになるってどんなこと？
吉本ばなな
勉強しなくちゃダメ？　普通って？　生きることに意味はあるの？　死ぬとどうなるの？　人生について、生まれてきた目的について吉本ばななさんからのメッセージ。

266
みんなの道徳解体新書
パオロ・マッツァリーノ
道徳って何なのか、誰のために必要なのか、副読本を読んでみたら……。つっこみどころ満載の抱腹絶倒の話、意味不明な話、偏った話満載だった!?

226
何のために「学ぶ」のか
――〈中学生からの大学講義〉1
外山滋比古／前田英樹／今福龍太／茂木健一郎
大事なのは知識じゃない。正解のない問いを、考え続けるための知恵である。変化の激しい時代を生きる若い人たちへ、学びの達人たちが語る、心に響くメッセージ。

227
考える方法
――〈中学生からの大学講義〉2
永井均／池内了／管啓次郎／萱野稔人
世の中には、言葉で表現できないことや答えのない問題がたくさんある。簡単に結論に飛びつかないために、考える達人が物事を解きほぐすことの豊かさを伝える。

228
科学は未来をひらく
――〈中学生からの大学講義〉3
村上陽一郎／中村桂子／佐藤勝彦／高薮縁
宇宙はいつ始まったのか？　生き物はどうして生きているのか？　科学は長い間、多くの疑問に挑み続けている。第一線で活躍する著者たちが広くて深い世界に誘う。

ちくまプリマー新書

229 **揺らぐ世界**
——〈中学生からの大学講義〉4
立花隆／岡真理／橋爪大三郎／森達也

紛争、格差、環境問題……。世界はいまも多くの問題を抱えて揺らぐ。これらを理解するための視点は、どうすれば身につくのか。多彩な先生たちが示すヒント。

230 **生き抜く力を身につける**
——〈中学生からの大学講義〉5
大澤真幸／北田暁大／多木浩二／宮沢章夫

いくらでも選択肢のあるこの社会で、私たちは息苦しさを感じている。既存の枠組みを超えてきた先人達から、見取り図のない時代を生きるサバイバル技術を学ぼう！

305 **学ぶということ**
——続・中学生からの大学講義1
桐光学園＋ちくまプリマー新書編集部編

受験突破だけが目標じゃない。学び、考え続ければ重い扉が開くこともある。変化の激しい時代を生きる若い人たちへ、先達が伝える、これからの学びかた・考えかた。

306 **歴史の読みかた**
——続・中学生からの大学講義2
桐光学園＋ちくまプリマー新書編集部編

人類の長い歩みには、「これから」を学ぶヒントがいっぱいつまっている。その読み解きかたを先達に学び、君たち自身の手で未来をつくっていこう！

307 **創造するということ**
——続・中学生からの大学講義3
桐光学園＋ちくまプリマー新書編集部編

技術やネットワークが進化した今、一人でも様々なことができるようになってきた。新しい価値観を創る力を身につけて、自由な発想で一歩を踏み出そう。

ちくまプリマー新書388
神話《しんわ》でたどる日本《にほん》の神々《かみがみ》

二〇二一年十一月十日　初版第一刷発行

著者　平藤喜久子（ひらふじ・きくこ）
装幀　クラフト・エヴィング商會
発行者　喜入冬子
発行所　株式会社筑摩書房
東京都台東区蔵前二-五-三　〒一一一-八七五五
電話番号　〇三-五六八七-二六〇一（代表）
印刷・製本　中央精版印刷株式会社

ISBN978-4-480-68415-8 C0214 Printed in Japan

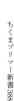